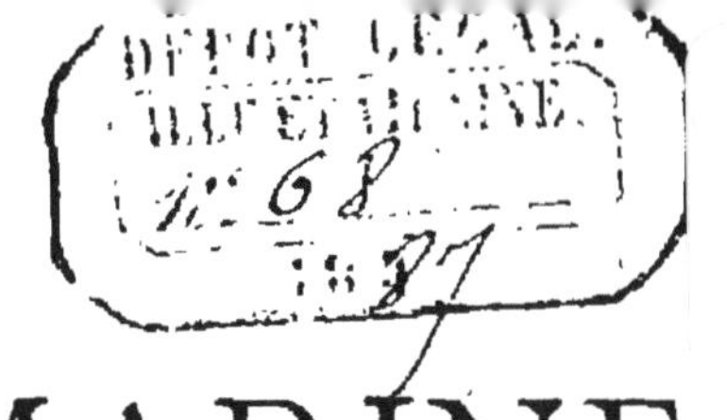

MARINE MARCHANDE

ET

COLONIES

PAR

ALPH. ROCHAÏD

Avec une carte des chemins de fer de l'Algérie-Tunisie

PRIX : 1 fr. 50

PARIS
GUILLAUMIN & Cie, ÉDITEURS
RUE RICHELIEU, 14

1887

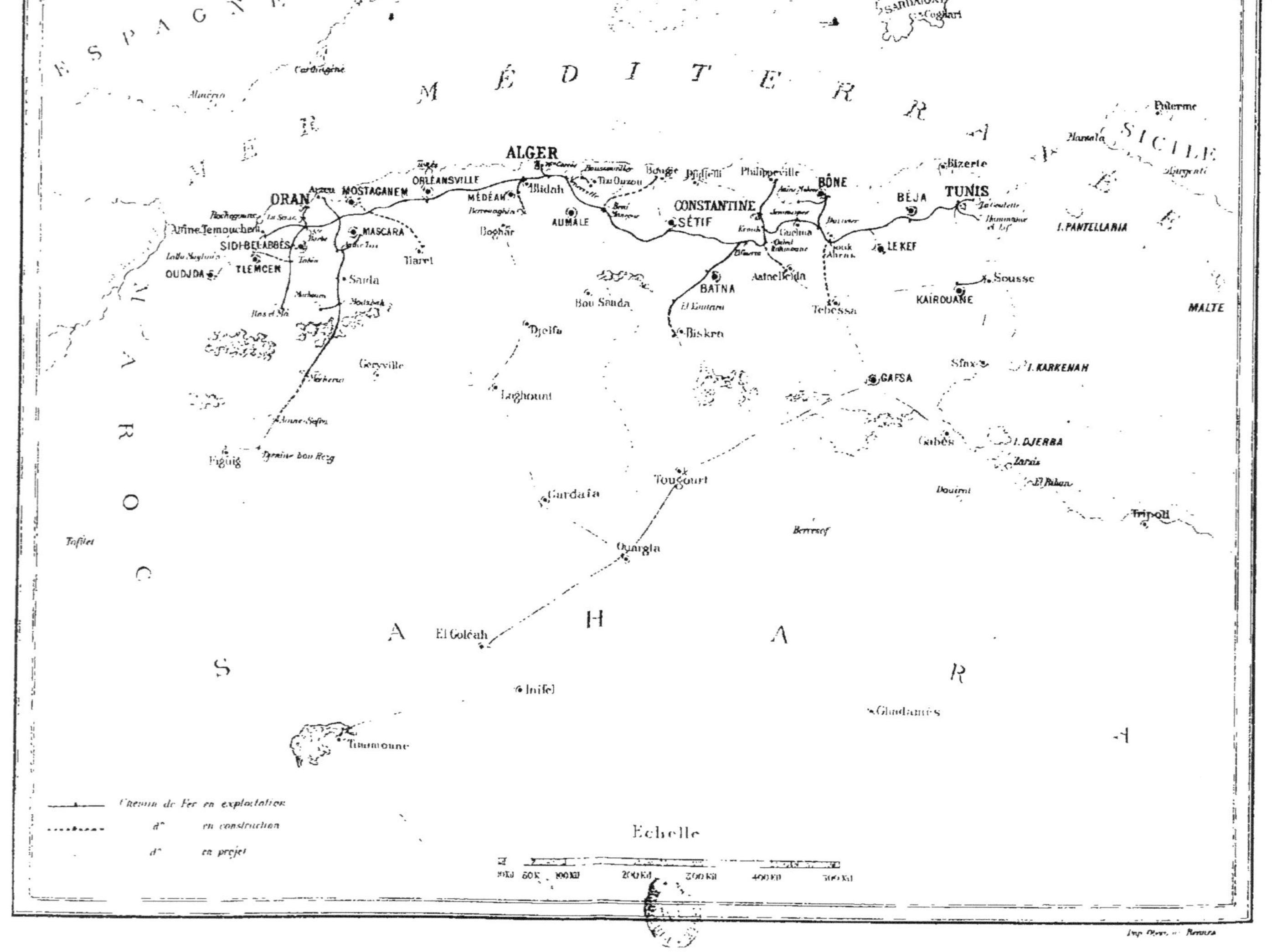
ESPAGNE
MÉDITERRANÉE
SICILE
SARDAIGNE
MAROC
SAHARA
ALGER
ORAN
MOSTAGANEM
ORLÉANSVILLE
MÉDÉAH
Blidah
AUMALE
CONSTANTINE
SÉTIF
BÔNE
BÉJA
TUNIS
Bizerte
Philippeville
Bougie
Tizi Ouzou
MASCARA
SIDI-BEL-ABBÈS
TLEMCEN
OUDJDA
Aïn Temouchent
Saïda
Tiaret
Boghar
Bou Saada
BATNA
Biskra
Tebessa
LE KEF
KAIROUANE
Sousse
Sfax
GAFSA
Gabès
I. KARKENAH
I. DJERBA
I. PANTELLARIA
MALTE
Palerme
Tripoli
Djelfa
Laghouat
Géryville
Figuig
Gardaïa
Tougourt
Ouargla
El Goléah
Inifel
Timimoun
Ghadamès
Tafilet
Carthagène
Cagliari
Chemin de Fer en exploitation
d° en construction
d° en projet
Echelle
200 Kil
400 Kil
500 Kil

MARINE

MARCHANDE ET COLONIES

MARINE
MARCHANDE

ET

COLONIES

PAR

ALPH. ROCHAÏD

Avec une carte des chemins de fer de l'Algérie-Tunisie

PARIS
GUILLAUMIN & Cie, ÉDITEURS
RUE RICHELIEU, 14

1887

Les cinq chapitres qui suivent sont la reproduction d'articles parus ces derniers mois dans deux organes consacrés à la défense des intérêts de la France au dehors, la *Revue française des colonies et de l'étranger* et la *Revue de l'Afrique française.*

Paris, 1er août 1887.

LES

COLONIES ÉTRANGÈRES

EN ALGÉRIE-TUNISIE

La France possède dans l'Afrique septentrionale un territoire renfermant les éléments d'une richesse et d'une puissance dont on ne commence que depuis peu à se rendre compte.

Si les progrès de l'Algérie ont été tardifs, il ne faut en attribuer la cause qu'à la résistance de la race guerrière que nous avons supplantée dans ce pays; nos soldats ont dû précéder nos colons, et chacun sait le temps qu'il a fallu pour achever la conquête; mais depuis que les insurrections deviennent plus rares, les Européens peuvent enfin s'adonner sans inquiétudes à leurs travaux, et porter la colonie à ce degré de prospérité que prouvent les 2 ou 300 millions de marchandises importées chaque année de la métropole.

En Tunisie, nous nous sommes trouvés en présence d'une population moins fière et beaucoup plus facile à assujettir; aussi les progrès accomplis en cinq ans dans la Régence ont-ils été infiniment plus considérables que ceux des cinq premières années de notre établissement en Algérie.

La soumission est donc aujourd'hui complète dans les deux provinces : ceux des indigènes qui supportent impatiemment notre joug sont réduits à comprimer prudemment leurs sentiments dans leurs cœurs. Aucun mouvement apparent n'a troublé le calme dont nous jouissons depuis 1881, mais il ne faudrait pas conclure trop facilement que nous pourrons de si tôt tirer un grand parti de nos sujets au point de vue agricole, commercial et industriel. Loin de là, leur religion et le niveau des aptitudes morales de leur race paraissent malheureusement devoir les condamner à un état perpétuel d'infériorité vis-à-vis des immigrants européens.

Depuis un demi-siècle que nous les avons mis à même d'étudier notre civilisation, il n'y en a pas eu un seul qui se soit signalé dans une branche quelconque de nos connaissances ; il n'y en a même eu qu'un nombre tout à fait restreint qui ait consenti à profiter de l'instruction que nous mettons si libéralement à leur portée. Quelle différence avec les Tartares russifiés, les Japonais, et même, à certains égards, les Chinois ! Plusieurs générations se succéderont avant qu'ils puissent nous être utiles autrement que par le bon marché auquel on peut se procurer la main-d'œuvre chez les Kabyles, les Tunisiens et chez quelques autres branches de ce peuple généralement apathique, comme tous ses frères musulmans. D'ici là, nous devrons nous appliquer surtout à mieux profiter des ressources inépuisables qu'ils nous offrent pour le recrutement de l'armée coloniale.

Personne ne s'avisera de prétendre que, livrés à eux-mêmes, ils eussent été capables de pòrter leur pays à un autre degré de civilisation que celui dont jouissent la Tripolitaine et le Maroc; pour eux, comme pour tous les Sémites, le travail est un châtiment céleste; par conséquent, le repos et même l'oisiveté revêtent une certaine couleur d'affranchissement, un caractère de récompense divine pour les justes. Tel étant l'ordre d'idées dominant, nous sommes contraints à n'attendre que des seuls colons les efforts nécessaires pour augmenter la prospérité déjà si consolante de l'Afrique française.

Mais quels colons devons-nous chercher le plus à attirer, les Français ou les étrangers? Et parmi ceux-ci devons-nous établir des distinctions?

En Algérie, nos compatriotes sont un peu plus nombreux que les autres Européens réunis; en Tunisie, par suite de la proximité de la Sicile et de la Sardaigne, les Italiens ont une énorme majorité : chaque paquebot leur apporte des renforts, ils débordent déjà dans la province de Constantine. Se sentant en nombre, ils continuent chez nous la même existence que dans leur patrie et ne subissent en aucune façon notre influence.

N'y a-t-il pas un danger dans la présence sur une terre française d'une population étrangère homogène, nullement résignée à accepter sans arrière-pensée notre prédominance politique, et maintenue sans relâche dans cet état d'esprit par les nouvelles recrues de chaque jour? Bien des personnes compétentes ont, depuis longtemps, signalé ce péril, et ont proposé de le combattre par un plus grand développement de l'immigration française. A coup sûr, ce serait là le meilleur remède; mais il s'agit de savoir jusqu'à quel point nous pourrions y recourir.

En France, la répugnance à s'expatrier est indiscutable, et s'établir en Corse ou dans les départements algériens est considéré comme une expatriation. C'est même là un défaut qui a son bon côté, car il est très douteux que notre pays soit en situation de perdre impunément chaque année un certain nombre de ses enfants Nous n'apprendrons rien à personne en rappelant que non seulement notre population ne s'accroît pas, mais que, pour se maintenir stationnaire, elle est obligée d'accepter l'aide de l'immigration étrangère. Comment songer, dans ces conditions, à encourager l'émigration aux colonies ?

Il faut donc chercher ailleurs le remède contre l'envahissement de l'Est de notre presqu'île africaine par une masse compacte de colons d'une seule nationalité.

Ne semble-t-il pas probable que, si les autres pays d'Europe y comptaient des représentants plus nombreux, ceux-ci se feraient mutuellement contrepoids, se mélangeraient peu à peu, et finiraient par se fondre dans la race qui possède la suprématie? Déjà les Maltais nous aident considérablement ; le jour où les Suisses, les Belges, les Hollandais, les Allemands, les Autrichiens, les Grecs et les autres Levantins débarqueront en plus grand nombre, les Italiens seront forcément noyés dans l'ensemble. Il ne paraît pas y avoir de motif pour que, au bout d'une génération, nous ne voyons pas toutes ces nationalités diverses absorbées irrémédiablement par celle qui détient le pouvoir, à l'exemple de ce qui se passe dans tous les pays d'Amérique.

Reste la question des mesures à prendre pour développer en Europe l'émigration vers nos possessions africaines. Ce sont là des soins qui incombent au Gouvernement, et pour lesquels les États-Unis et le Canada, qui ont dans tout le vieux monde des agences chargées de leur envoyer des colons, nous serviront de modèles on ne peut meilleurs. Sans entrer dans le détail de tout ce qu'il y aurait à faire à ce point de vue, un exemple, pris dans l'histoire de ces jours-ci, montrera le parti qu'il serait souvent si facile de tirer des événements auxquels nous assistons.

La Prusse vient d'expulser de ses provinces orientales 30,000 résidents polonais ; niera-t-on que, si on s'en était un tant soit peu occupé, il eût été excessivement facile de diriger une grande partie de ces malheureux expatriés vers l'Afrique française? Cependant, il ne semble pas que personne y ait songé ; et, d'un autre côté, il ne paraît guère probable que, d'ici à longtemps, nous retrouvions en Europe une circonstance aussi favorable.

Dans l'Empire ottoman, nous n'avons que l'embarras du choix parmi toutes les petites nationalités contraintes à chercher ailleurs une existence moins lamentable : Druses et Kurdes font leur possible pour pousser dehors les Maronites et les Arméniens ; la Résidence de Tunis et le Gouvernement général d'Alger devraient donner mission à nos consuls d'Orient de diriger sur l'Afrique française les innombrables malheureux qui s'embarquent actuellement pour l'Amérique du Sud.

Il y a déjà à Tunis un embryon de colonie grecque ; serait-il difficile d'encourager ce mouvement et d'attirer de nouveaux habitants de la rive orientale de l'Adriatique : Épirotes, Albanais et Dalmates? Ce n'est pas à penser.

En favorisant la rencontre de tant de races diverses, nous provoquerons sûrement de nombreux mariages mixtes; mieux encore que les naturalisations, le mélange des sangs assurera notre hégémonie.

A propos des naturalisations, il sera nécessaire, si nous voulons augmenter le nombre des demandes, de réserver en Afrique quelques avantages à la qualité de Français. En France, il n'y en a guère d'autre que la jouissance des droits politiques; là-bas, ce privilège n'existe même pas. Croirait on qu'en Algérie il y a des villages où les magistrats municipaux sont Espagnols? Pourquoi les étrangers se feraient-ils naturaliser quand, tout en conservant leur nationalité originelle, ils peuvent aspirer aux honneurs de l'écharpe?

On pourra reprocher à cette politique de

tendre à organiser la colonisation sans colons, système qui serait, à en croire des critiques plus ou moins spirituels, l'apanage exclusif de la France, tandis que l'Allemagne aurait des colons et pas de colonies, et l'Angleterre des colonies et des colons tout à la fois. Nous acceptons le reproche, mais nous nous refusons formellement à reconnaître le bien fondé du compliment adressé à l'Angleterre. Il a été facile à celle-ci de peupler rapidement dans l'Amérique du Nord et dans l'Australie, pays complètement neufs et pour ainsi dire déserts; mais nous-mêmes avons laissé au siècle dernier quelques milliers de Français au Canada, lesquels s'élèvent aujourd'hui à 1,300,000 individus; nulle part les Anglais ne se sont multipliés aussi vite. La question vraiment intéressante, c'est de savoir le nombre de nos rivaux dans les colonies où il leur a fallu subjuguer les indigènes : ainsi dans l'Inde, par exemple, combien sont-ils? Plus d'un lecteur sera surpris d'apprendre qu'après une domination de 150 ans, il n'y en a pas plus de 80,000 des deux sexes et de tout âge, au milieu d'une population de 253,000,000 d'Indiens, non compris les Birmans. Une garnison de 70,000 hommes vient augmenter le nombre des Anglo-Saxons et faire que, dans la partie masculine de la colonie, les militaires sont plus nombreux que les civils. Après une pareille constatation, beaucoup de gens estimeront que la véritable qualité de l'Angleterre, c'est son talent pour faire illusion aux étrangers sur ses aptitudes ou sur sa force.

Veut-on l'exemple d'un autre peuple colonisateur, les Hollandais qui, pour faire moins de bruit à travers le monde, n'en demeurent pas moins, de l'avis général, les maîtres dans l'art d'exploiter une colonie? En regard de 29,000,000 d'indigènes, il n'y a, aux Indes hollandaises, que 45,000 Européens de toute nationalité.

De tels exemples, le dernier particulièrement, prouvent combien il est peu nécessaire de compter un grand nombre de nationaux dans les colonies de domination. Avec quelques fonctionnaires habiles, une forte garnison et surtout un *bon régime douanier*, on peut pousser un pays à la plus haute prospérité. N'ayons donc pas peur d'attirer des étrangers dans l'Afrique française et d'y mélanger, sous la surveillance de nos lois, les différentes races de l'Europe et de l'Asie. Déjà nous pouvons montrer trois fois plus de Français en Algérie qu'il n'y a d'Anglais aux Indes; quand nous aurons étendu à la Tunisie notre tarif de douanes, nous en tirerons plus de richesses que la Hollande n'en a jamais récolté à Java.

(*Revue de l'Afrique française*, octobre-novembre 1886).

LA CRISE

DE LA

MARINE MARCHANDE

Il pourra sembler étrange à bien des personnes que la marine marchande ait encore des plaintes à formuler après les généreuses subventions qui lui ont été allouées il y a cinq ou six ans; néanmoins, si l'on veut bien se rappeler que la loi n'a tendu à encourager que la construction et la navigation au long cours, ces plaintes provoqueront moins de surprise. Nos caboteurs conservaient le privilège exclusif de la navigation de port à port français, et ce monopole paraissait si considérable qu'aucune voix n'a osé demander davantage. Nous nous proposons de faire ressortir en deux mots son peu de valeur réelle, de justifier brièvement la protection réclamée par le cabotage français et d'indiquer deux ou trois mesures qui, sans déranger en rien l'économie des traités de commerce valables jusqu'en 1892, pourraient dès à présent redonner de la vie à une industrie disparue.

Il devient d'autant plus temps de secourir notre cabotage que le mal prend une plus grande extension avec les années. Quand une industrie souffre, les réclamations s'affaiblissent au fur et à mesure de la disparition des intéressés : bien plus, d'autres professions gagnent dans une certaine mesure au malheur des uns, à tel point que les personnes étrangères au métier sont exposées parfois à prendre les spoliateurs pour les spoliés. Jadis les chambres de commerce des ports étaient surtout composées d'armateurs; aujourd'hui qu'il n'y a plus d'armateurs, elles sont principalement recrutées parmi les consignataires ou les employés français des maisons étrangères. La même cause a fait la fortune des courtiers maritimes : si notre marine marchande renaissait, leurs courtages et leurs commissions cesseraient. Voilà pourquoi les autorités constituées de tant de ports sont libres-échangistes ; voilà pourquoi nos armateurs et nos marins n'ont souvent pas de pires ennemis que les chambres de commerce et les conseils municipaux de certaines villes maritimes.

I

INANITÉ DE LA PROTECTION ACTUELLE

Il n'y a pas d'illusion à se faire : notre flotte de cabotage a succombé sous la concurrence de ses rivales. Quel habitant des départements de l'intérieur n'a éprouvé, à son arrivée dans un port quelconque de la Manche ou de l'Océan, une pénible impression à l'aspect des couleurs étrangères que presque tous les mâts présentent à sa vue?

Dans les grands ports comme le Havre, Bordeaux et Marseille le spectacle est moins triste, et l'on aperçoit encore notre pavillon sur les vapeurs des grandes Compagnies postales, telles que les Transatlantiques, les Messageries maritimes, les Chargeurs réunis, etc. Par contre, dans les ports de cabotage, comme Dieppe, Caen, Saint-Malo, on ne rencontre guère que le pavillon anglais.

A l'époque où furent signés les premiers traités de commerce, les chemins de fer français étaient loin d'atteindre le développement qu'ils possèdent aujourd'hui. Il y a 25 ans, les principales artères étaient seules construites; elles ne pouvaient servir qu'à relier Paris à la province. Personne n'aurait songé à employer le chemin de fer pour une expédition de Bordeaux à Nantes, par exemple, quand il aurait fallu lui faire subir le crochet de Bordeaux-Paris-Nantes. On voit par là comment la réserve du monopole du trafic entre ports français, qui a été maintenue dans tous les traités, constituait alors un avantage véritable, bien suffisant pour assurer l'existence d'une flotte nombreuse de caboteurs employés aussi bien sur les côtes françaises qu'entre la France et l'étranger.

Mais, depuis cette date aujourd'hui lointaine, la concurrence contre laquelle nous étions abrités par une prohibition absolue a été remplacée par un nouvel adversaire, infiniment plus redoutable et assez bien outillé pour supprimer toute navigation entre ports français sous n'importe quel pavillon. Il suffit de jeter un coup d'œil sur la carte de l'Indicateur-Chaix pour reconnaître que nos ports sont maintenant reliés par des voies ferrées parallèles à la mer.

Quand le marché français eut été accaparé par les chemins de fer, il ne resta plus au cabotage d'autre ressource que le trafic international. Peu à peu, cet aliment nous a été enlevé par suite de causes nombreuses dont nous ne pouvons relater ici que les principales ; en sorte qu'actuellement nous ne possédons plus, en fait de caboteurs à vapeur, de

Dunkerque à Bayonne, que les remorqueurs qui font le service des ports, les bateaux-omnibus de la Seine (y compris les paquebots Deschamps), de la Rance, de la Loire et de la Gironde, et une vingtaine de chargeurs (cargo-boats).

L'admission des étrangers au partage d'une faveur réduite à ce point n'aurait pas présenté, on le voit, de bien graves inconvénients.

En ce qui concerne la construction, les primes conférées par la loi de 1881 n'ont pu parvenir à ramener aucune activité dans nos chantiers à cause du correctif par lequel on a immédiatement annulé leur effet. Dans un sentiment qui fait plus d'honneur à notre loyauté qu'à notre entente des affaires, la même loi a autorisé l'entrée en franchise des navires étrangers : l'acquisition d'un bâtiment anglais, hollandais, etc..., ne donne lieu, depuis 1881, qu'à la perception d'un droit d'enregistrement insignifiant; la douane ne prélève rien. Or, au prix où les octrois et tous les impôts indirects ont élevé chez nous les salaires des ouvriers; nos constructeurs, même aidés par des primes importantes, ne peuvent produire à aussi bon compte que leurs concurrents d'autre nationalité; il en est d'ailleurs de même pour toutes nos industries. Non seulement les contribuables français sont les plus chargés du monde, mais c'est sur les matières nécessaires à la vie que les communes, les départements et l'État prélèvent la plus grosse part de leurs recettes.

Depuis longtemps déjà nous ne construisons plus que les navires des grandes Compagnies postales à qui l'obligation en a été imposée par un article spécial du cahier des charges. Nous en sommes arrivés au point que le Ministre de la marine demande 200 millions aux Chambres pour donner des commandes de l'Etat aux dernières maisons de construction qui nous restent, et les empêcher de disparaître.

On connaît le principe de Franklin : « Quand on établit un impôt sur un marchand, il le met dans sa facture. » Cette règle était vraie avant l'invention du libre-échange ; pour qu'elle continuât de l'être aujourd'hui, il faudrait des droits de douane fabuleux. La production française paie 6 milliards d'impositions annuelles ; quand les fabricants mettent sur leur facture la répercussion de ces charges accablantes, il arrive, comme on le conçoit, que le consommateur s'approvisionne à l'étranger. C'est la construction maritime qui a été une des premières industries à souffrir; en ce moment, c'est le tour, qui le croirait? de l'industrie si parisienne de l'ameublement. Toutes les autres suivront.

La loi a obtenu de plus heureux résultats au point de vue de la reprise de notre navigation au long cours; nous possédons, en dehors des Compagnies postales, un nombre assez présentable de grands vapeurs longs courriers. Nous en compterions même davantage si, au lieu d'attribuer une part des subventions (assez faible, il est vrai) aux anciens navires en bois et à voiles, on avait renoncé courageusement à vouloir défendre contre les progrès de l'industrie moderne un matériel qui a fait aujourd'hui son temps, et si on avait reporté sur les bâtiments à vapeur des encouragements qui ne servent qu'à prolonger son agonie.

II

UTILITÉ D'UNE MARINE MARCHANDE

Si la disparition de notre construction et de notre navigation au cabotage était survenue il y a quelques années, l'opinion publique se serait émue et nous aurions présentement à la mer autre chose que des bateaux subventionnés sur le budget. Malheureusement, depuis un quart de siècle, les économistes ont séduit tant de gens par le charme de leurs théories qu'il nous faut constater, même sur les côtes, une résignation générale. Du moment que les marines étrangères transportent à meilleur marché que la nôtre, l'École trouve plus avantageux pour la fortune publique que les produits soient grevés, tant à l'entrée qu'à la sortie, de moindres frais de transport. Elle consentira bien à accorder un regret patriotique à notre marine marchande disparue, mais elle se félicitera, au nom des principes, de ce que le consommateur reçoive à meilleur marché le bois du Nord, le charbon et les grains, et de ce que le producteur puisse livrer à moins de frais le peu d'orge, de beurre, de légumes et de fruits qu'expédient nos ports de la Manche.

De plus, si l'on se place au point de vue de la défense nationale, tous les ministres de la marine n'ont-ils pas avoué l'inutilité de la flotte de commerce pour le recrutement de la flotte de guerre? Il nous faut en effet concéder que le matériel naval a subi de telles transformations que, dans peu de temps, les navires de guerre de tout type et de tout modèle ne seront plus montés que par des officiers, des mécaniciens et des artilleurs. Aujourd'hui même, bien que le contingent levé par la marine soit plus fort qu'il ne le sera dans dix ou douze ans, l'inscription maritime est suffisamment alimentée par les pêcheurs et les quelques familles qui ne se sont pas encore résignées à changer le métier dont elles ont vécu de tout temps, pour que nous n'ayons jamais à craindre les moindres difficultés de recrutement.

Pourquoi alors chercher à faire renaître une industrie morte de sa belle mort et par la faute, paraîtrait-il, de nos armateurs qui, lorsqu'ils n'ont plus été abrités par des privilèges, se sont montrés incapables de soutenir la lutte?

Nous verrons tout à l'heure si ces reproches sont mérités. Mais, dès à présent, il est nécessaire de dire que, dans notre opinion, deux motifs majeurs commandent la reconstitution de notre flotte commerciale.

Nous pensons qu'il a été commis en France une grande faute, celle d'oublier que toutes les industries, tous les intérêts sont solidaires. Nos viticulteurs, nos commissionnaires de Paris, en un mot tous nos exportateurs libres-échangistes ont eu le tort, à l'instigation des économistes, de ne tenir aucun compte de cette considération qui aurait dû guider souverainement leur conduite, à savoir qu'il ne peut y avoir d'exportation qu'à l'abri du pavillon national. C'est en matière de commerce maritime un vieil adage : « Qui a le fret a la marchandise. » Tant que nos fabricants et nos producteurs de tout ordre demeureront indifférents au sort de la marine marchande, ils devront renoncer à augmenter le chiffre de leurs ventes au dehors de nos frontières. Grâce aux doctrines que l'école de Manchester a eu l'habileté de répandre dans le pays dont la concurrence était le plus dangereuse pour la Grande-Bretagne, les échanges de la France avec l'étranger bénéficient d'une légère réduction sur le fret que réclamerait le pavillon français; mais, par contre, les vapeurs de tous pays qui ont déposé sur nos quais les produits du monde entier et le plus souvent les produits de leur patrie respective, sortent toujours de nos ports sans fret de retour; tandis que depuis quinze ans notre exportation a diminué, chacun sait au contraire combien s'accroissent nos importations (1).

Après tout, est-ce-là un bien grand mal, demanderont peut-être nos contradicteurs?

Nous savons qu'il est de mise de considérer comme une bagatelle les balances qui semblent résulter des tableaux périodiques du commerce extérieur; beaucoup prétendent même que le critérium le plus certain de la prospérité d'un pays est l'excédent de ses importations sur ses exportations, puisque l'Angleterre aurait dû être ruinée depuis longtemps si la balance du commerce signifiait quelque chose, et qu'elle n'en demeure

(1) Commerce spécial en 1872 : importations, 3,447,000,000; exportations, 3,678,000,000. En 1884 : importations, 4,526,000,000; exportations, 3,350,000,000.

pas moins, de l'aveu général, le pays le plus riche du monde.

La réponse à cette théorie constitue précisément l'exposé du second motif qui rend d'intérêt national le relèvement de notre marine.

Personne n'a jamais eu la prétention de contester l'exactitude des tableaux de douanes que publient les pays civilisés ; mais bien des gens se sont permis de critiquer leur rédaction incomplète.

Si le tableau du commerce extérieur de l'Angleterre présentait le chiffre de toutes les entrées et de toutes les sorties, les économistes auraient en effet beau jeu, puisqu'il n'est jamais venu à l'idée de personne de nier que l'Angleterre voie sa richesse augmenter chaque jour. Seulement, il y a trois articles qui ne figurent pas sur ces tableaux et qui en renverseraient les résultats s'ils pouvaient faire l'objet d'un calcul. Avant de les énumérer, nous devons tout d'abord signaler une particularité qui n'est pas sans importance.

Plus de la moitié des importations annuelles du Royaume-Uni provient des possessions britanniques ; ainsi, sur une importation totale de 657,534,000 livres sterling en 1885, les chiffres officiels indiquent 371,000,000 en provenance des colonies et possessions. On devra bien admettre par conséquent que, malgré l'indépendance douanière dont jouissent la plupart des colonies de notre principal rival maritime, les importations de l'Inde ou du Canada ont, au point de vue du paiement, des effets notablement moins graves que les achats de marchandises européennes. C'est en Angleterre même qu'habitent les propriétaires de la majeure partie des entreprises agricoles, industrielles et maritimes des colonies ; c'est donc en Angleterre qu'aboutit la majeure partie des bénéfices produits par ces entreprises. Dans ces conditions, on doit reconnaître qu'il y a vraiment quelque exagération à additionner en bloc les envois des différentes parties de l'Empire britannique et ceux de la France, de l'Allemagne, des Pays-Bas, etc.

Pour en revenir aux insuffisances des statistiques du commerce extérieur, il faut nous féliciter de ce que notre pays partage avec la Suisse et l'Italie un privilège économique considérable. Des milliers de riches étrangers viennent dépenser parmi nous un argent qui est perdu pour leurs compatriotes : les uns, obéissant seulement à l'obligation que leur impose notre situation géographique de traverser notre territoire pour se rendre d'Angleterre sur le continent ou d'Espagne et du Havre dans l'Europe centrale, etc., ne passent en France que quelques jours ou quelques heures, mais contribuent néanmoins à augmenter pour une bonne part les recettes de nos chemins de fer et de nos hôtels ; les autres, attirés par la douceur du climat et par une infinité d'autres causes, font à Paris, sur nos plages, dans nos villes d'eaux et dans nos stations hivernales des séjours de plusieurs mois. Il en est même un grand nombre qui se fixe sur notre sol.

Les statistiques nous apprennent que l'élément étranger entre pour plus d'un million dans le chiffre de notre population. En admettant à la rigueur que les dix-neuf vingtièmes de cette colonie soient composés d'ouvriers, d'employés ou de commerçants trouvant chez nous leurs moyens d'existence, il restera toujours 50 ou 60,000 individus de la classe riche dont les dépenses de chaque jour constituent pour la France un profit net, sans qu'il en paraisse rien sur les tableaux du commerce extérieur, et une première atténuation de la perte qui résulte du chiffre trop élevé de nos importations.

Le deuxième article qui ne figure pas sur ces tableaux est le revenu des capitaux placés à l'étranger.

Comme l'Angleterre et la Hollande, nous avons une partie importante de notre portefeuille qui est constituée en fonds étrangers. Tous les six mois, les gouvernements d'Italie et de Russie, entre autres, paient sous forme de coupons un véritable tribut à nos rentiers, et presque tous les chemins de fer et toutes les entreprises d'utilité publique de l'Europe nous envoient également une redevance grande ou petite. L'exemple le plus frappant du revenu qu'un pays peut tirer d'une industrie s'exerçant à l'étranger est celui qui nous est fourni par le canal de Suez. Presque toutes les actions produisant intérêt sont entre les mains de nos compatriotes; par contre, 80 °/ₒ des droits de passage sont acquittés par des vaisseaux anglais. Il en résulte qu'aucune cotonnade de Manchester ne peut être transportée aux Indes sans que nous en tirions un léger profit, qu'aucune tasse de thé ne peut être bue en Angleterre sans avoir préalablement versé une obole aux actionnaires du Suez.

Là s'arrêtent malheureusement les éléments servant à redresser un peu la balance en notre faveur. L'Angleterre est seule au monde à posséder une source illimitée de richesses qui lui permettrait de se passer aisément de tout autre revenu : elle est propriétaire des trois quarts de l'ensemble des navires flottant aujourd'hui sur tous les océans, de telle sorte qu'on peut poser en principe qu'aucune marchandise n'est transportée par mer dans n'importe quelle partie du monde sans payer à l'Angleterre les trois quarts du prix du fret.

En présence de ces faits, que deviennent les plaisanteries sur la balance du commerce? Qui s'avisera de nier l'intérêt national qu'il y a à nous dégager d'un tel tribut?

Il est vraiment bien à regretter que ce sujet ait si peu provoqué l'attention de nos économistes; quel service rendrait au pays M. P. Leroy-Beaulieu s'il pouvait nous chiffrer, quand ce ne serait qu'approximativement, le prélèvement annuel de la marine anglaise, non pas sur les transactions entre la métropole et ses colonies ou les pays étrangers, mais bien sur le trafic entre les pays étrangers eux-mêmes!

Nous avouons ne pas être en état de nous rendre aucun compte de ce que peut représenter cette somme.

On nous objectera que, si la flotte commerciale de l'Angleterre est nombreuse, elle n'est pas prospère, et que les ports britanniques abritent en ce moment plus d'un vapeur désarmé.

Effectivement, rien n'est plus vrai; nous n'hésitons même aucunement à reconnaître que l'armateur de la manche de Bristol qui affrète ses vapeurs pour l'un quelconque de nos ports de l'Ouest à raison de 4 ou 5 fr. par tonne travaille à prix ruineux, et qu'il ferait peut-être mieux de renoncer à utiliser quand même son matériel. Mais, en retour, nous prétendons que ses équipages, ses employés et ses fournisseurs de toute nature à Cardiff, à Liverpool, à Newcastle, etc., gagnent largement leur vie, et que les 4 fr. par tonne, s'ils ne suffisent pas à enrichir l'armateur, enrichissent constamment son pays, puisqu'ils sortent de France en totalité, sans déduction aucune et surtout sans la moindre chance de retour.

On nous objectera encore que nous exagérons en prétendant que le prix du fret ne figure pas dans les statistiques de la douane; si l'on prend pour exemple une tonne de charbon, l'évalue-t-elle au prix à l'embarquement en Angleterre ou bien au prix sur nos quais?

L'objection ne nous effraie pas. Il est vrai que la douane inscrit une importation de 17 fr. pour une tonne de charbon apportée par un vapeur étranger, au lieu de 11 fr., prix de cette même tonne au port d'expédition (ces chiffres ne sont qu'approximatifs). Mais il faut se rappeler aussi que la douane enregistrera le même chiffre si la marchandise est venue par pavillon français. Or, dans ce dernier cas, le prix de 17 fr. est inexact, et le prix de l'importation se réduit en fait à 11 fr., puisque le salaire du transport a été payé à des nationaux. Il en est de même pour l'exportation : lorsque nous envoyons de l'autre côté de la Manche une tonne de pommes de terre, si l'on adopte un prix moyen de 45 fr. pour la marchandise et de 8 fr. pour le fret, c'est à 53 fr. qu'il faudrait porter le prix de la sortie quand elle a lieu par navire français.

Ainsi donc, dans notre appréciation, les statistiques de douane se rapprocheraient davantage de la vérité si elles diminuaient d'une valeur égale à celle du prix du fret l'estimation des marchandises qu'importe le pavillon national, et si elles haussaient de ce même prix l'estimation de celles qu'il exporte. Appliquée aux tableaux du commerce extérieur de l'Angleterre, cette rectification modifierait sensiblement la balance entre la valeur des importations et celle des exportations, car les pavillons étrangers n'ont presque aucune part au mouvement des ports britanniques.

L'extension extraordinaire que l'industrie maritime a prise dans ce pays depuis vingt ans nous fournit une preuve bien convaincante de l'erreur des économistes quand ils prétendent appliquer aux grandes puissances les mêmes règles qu'à celles de l'étendue et de la population du Danemark, de la Belgique, etc., surtout si l'on veut bien remarquer que, depuis l'éclosion de leurs doctrines, l'Europe tend de plus en plus à subir les conséquences de l'invention de la vapeur et à se constituer en quelques grands empires fermant d'autant plus rigoureusement leurs frontières que celles-ci englobent un plus grand nombre de provinces jouissant d'un libre-échange intérieur.

Assurément, si les petits États n'avaient pas la garantie du libre-échange, ils ne tarderaient pas à voir l'exiguïté de leur superficie favoriser les entreprises des accapareurs. Mais, de bonne foi, les grandes nations de l'Europe ont-elles rien de semblable à craindre?

Aussi, nous refusons-nous énergiquement à admettre que, depuis l'application des doctrines du libre-échange, la concurrence des marines étrangères ait contribué pour la plus infime part au développement fabuleux de la marine anglaise. Nous soutenons qu'un certain nombre de causes favorables, telles que la légèreté des négociateurs français, le bon marché des gages dont se contente une population dense et la seule en Europe qui soit affligée du paupérisme, la possession d'immenses colonies, l'existence d'inépuisables mines de charbon dans le sous-sol des ports et le bon marché qui en résulte dans le prix du fer brut ou amené à l'état de coque de navire ou de machine à vapeur; enfin mille autres avantages qu'il serait impossible d'énumérer ici ayant donné aux armateurs anglais une avance sur ceux du continent, les premiers ont exploité la situation jusqu'au bout, se sont fait mutuellement une concurrence acharnée pour le partage des bénéfices abondants qui s'offraient et ont fini par gâter le métier.

Dans l'Europe centrale, un nouvel exemple vient confirmer notre théorie : est-ce qu'à l'heure présente l'Allemagne ne nous montre pas que, lorsque dans un pays de 40 et quelques millions d'habitants une industrie quelconque se trouve favorisée par des circonstances heureuses ou simplement par une certaine protection douanière, l'importance des débouchés fournis par un marché intérieur d'une telle étendue est toujours suffisante pour stimuler l'augmentation de la production, rabaisser par suite le prix de revient et provoquer enfin un débordement du trop-plein au delà des frontières?

III

LES REMÈDES

Notre pays possède sur deux mers une étendue de côtes considérable; sa population maritime est nombreuse et d'excellente qualité; ses armateurs sont aussi entreprenants et expérimentés que ceux de n'importe quelle nation; enfin nos capitalistes accordent encore assez facilement leur concours aux opérations présentant certains risques; souvent même il y aurait lieu de leur reprocher quelque témérité. Si, en dépit de tous ces avantages, notre flotte n'a cessé de péricliter depuis la conclusion des traités de commerce, il faut bien reconnaître que les deux événements ne sont pas étrangers l'un à l'autre.

Lorsque le Gouvernement anglais, en échange de l'ouverture de nos ports, nous accorda dans les siens le même traitement qu'au pavillon britannique, nos négociateurs ne soupçonnèrent pas un moment que la réciprocité n'était qu'apparente. En France, tous les travaux publics appartiennent à l'État; dans le Royaume-Uni, presque tous les ports, phares, bassins, quais, etc., ont été construits et sont exploités par des Compagnies; d'où il résulte que le Gouvernement anglais n'a été engagé par sa signature que pour les ports lui appartenant et que rien n'a empêché les Compagnies d'accorder un traitement de faveur au pavillon national. Voici un exemple, entre autres, de ces traitements de faveur :

Certains ports consentent aux navires qui leur sont attachés des tarifs réduits. Ainsi, un vapeur inscrit au port de Liverpool acquittera à Southampton les mêmes droits de bassin qu'y paierait un vapeur français (s'il en venait!); mais, à Liverpool, il profitera d'un abonnement auquel pas plus les vaisseaux anglais attachés à un autre port que les français ou les allemands ne pourront souscrire. Étendez cet exemple aux autres ports, comme Londres, Glasgow, Newcastle, etc., et il s'ensuivra que chaque bâtiment anglais sera sûr, à son retour du continent, de trouver un port où ses dépenses seront moindres, tandis que les Français paieront partout le prix fort.

Il y a déjà 25 ans que dure cette situation; cela ne nous empêche pas d'accorder à l'Angleterre en ce moment le traitement de la nation la plus favorisée, aussi bien pour les droits de navigation que pour les taxes sur les produits qu'elle importe chez nous.

Une des causes qui ont le plus contribué, pensons-nous, à ruiner notre commerce maritime est l'infériorité dans laquelle nous nous trouvons vis-à-vis de la plupart des nations étrangères pour le recrutement de nos capitaines.

Dans une de ses savantes chroniques littéraires de la *Revue des Deux-Mondes*, un critique de grand mérite, M. F. Brunetière, prenant la défense des études classiques telles qu'elles sont comprises aujourd'hui et imposées à tous, demandait dernièrement avec quelque ironie si le grec et le latin, auxquels des prôneurs de l'éducation utilitaire reprochent d'avoir eu leur part dans la diminution de notre activité commerciale, pouvaient être rendus responsables de la crise de la marine marchande ; nous étonnerons certainement bien des personnes en affirmant que, sans le savoir, M. Brunetière a indiqué précisément l'obstacle qui nous empêche en ce moment de former de bons capitaines marins.

Les grandes Compagnies qui exploitent des lignes régulières possèdent à chaque escale des agences et des fondés de pouvoirs ; la mission du capitaine est strictement limitée à la conduite du navire. Quand l'armateur au contraire n'a comme matériel qu'un seul bâtiment ou qu'une petite flottille, le marin devient en plus un agent commercial. Même en ne considérant son rôle qu'au point de vue technique, on ne niera point qu'il faille pour commander les bateaux à vapeur les plus communs d'aujourd'hui, qui portent de 500 à 3,000 tonneaux, des hommes d'autre origine et d'autre éducation que ceux à qui l'on confie les derniers côtres et bricks-goélettes qui nous restent de l'ancien matériel.

Nous n'avons pas la prétention d'apprendre au lecteur que les deux ordres d'enseignement le plus répandus jusqu'à présent dans notre pays ont été l'enseignement primaire et celui dont le baccalauréat est le couronnement. Ce diplôme ne peut être obtenu en général que par les élèves qui ont passé toute leur jeunesse dans des internats et qui y ont perdu le goût du plein air, de la fatigue et de la vie à la mer. Aussi, quand nous demanderons combien l'inscription maritime compte sur ses registres de capitaines au long cours ou au cabotage qui soient munis d'un des deux baccalauréats, nous n'aurons pas besoin d'attendre la réponse pour affirmer que les grades universitaires n'ont pas formé beaucoup de marins.

Par conséquent, nos armateurs sont obligés de prendre les capitaines à qui ils remettent la disposition de la valeur entière de leurs bâtiments dans la classe la plus modeste, le plus souvent parmi les matelots qui ont réussi à passer un examen professionnel. A part des cas assez rares, mais qu'il y aurait injustice à ne pas reconnaître, ils ne peuvent procéder à aucun choix et ils se voient obligés de confier le maniement de leur fortune à des hommes certainement doués d'énergie, excellents marins, très durs à la fatigue, mais qui, dans toute autre industrie, ne se permettraient pas de solliciter la gestion d'un intérêt dix fois moins considérable. Il continuera d'en être ainsi aussi longtemps que sévira la manie de distribuer l'enseignement classique à toutes les classes de la société.

Le Ministère de la marine a été frappé, il y a déjà quelques années, de la peine qu'éprouvaient les Messageries maritimes, les Transatlantiques, etc., à recruter un personnel en état de commander des paquebots qui doivent lutter contre ceux de très puissantes Compagnies étrangères et conserver une précieuse clientèle de passagers de toute nationalité. Pour leur venir en aide, il n'a rien trouvé de plus efficace que d'accorder des congés temporaires à des lieutenants de vaisseau.

Il est certain que grâce au concours de ces officiers, nos principaux bâtiments sont commandés d'une façon infiniment plus remarquable que les paquebots de n'importe quel pavillon; mais, en ce qui concerne le restant de notre flotte de commerce, cette mesure a amené les plus déplorables conséquences.

Comment veut-on qu'un de ces nombreux jeunes gens à qui la carrière navale est fermée par suite du chiffre si restreint des admissions annuelles à l'École, ou encore qu'un de ces jeunes gens ayant reçu une bonne instruction secondaire et préférant la vie du marin à celle de l'employé d'administration soit tenté de prendre un brevet de capitaine au long cours et de perdre son rang pour l'entrée à toutes les autres carrières, s'il acquiert la certitude qu'il ne lui servira de rien de faire un dur et long apprentissage dans des positions subalternes et que, lorsqu'il se présentera un beau commandement à décerner, un de ces postes qui rapportent 25,000 fr. et plus, on le réservera à un officier de marine qui aura toute liberté de consacrer un congé de trois ans à cette occupation rémunératrice?

En prêtant des officiers aux compagnies chargées des services postaux, la Marine a donc tué la poule aux œufs d'or.

Grâce aux internats et aux programmes classiques, nos vapeurs ne sont actuellement commandés que par des lieutenants de vaisseau ou par des anciens matelots qui sont parvenus le plus souvent à acquérir leur brevet sans même avoir fréquenté l'école primaire.

Ne semble-t-il pas certain que, si l'on annonçait aujourd'hui que dans cinq ou six ans tout marin de l'État qui voudrait servir dans la flotte du commerce devrait préalablement démissionner, il serait facile de séduire toute une classe de jeunes gens aventureux comme notre pays en produit tant? Ceux dont la préparation spéciale et l'éducation seraient le plus complètes auraient les plus beaux postes dans les grandes Compagnies; les autres rendraient le plus grand service aux armateurs que décourage constamment la difficulté de trouver des capitaines offrant les moindres garanties.

L'Angleterre a sur nous l'avantage inestimable de posséder des écoles de capitaines marins. Sa flotte est dans les mains d'hommes d'origine et d'éducation simplement moyennes; s'ils n'approchent pas du mérite de nos officiers détachés du service, ils sont par contre à une égale distance de la majorité de nos capitaines. En portant ce jugement, peut-être exagéré, nous ne prétendons pas établir une règle sans exception; nous envisageons seulement la situation à un point de vue général.

Tout ce que nous venons de dire des capitaines s'applique également aux mécaniciens; leur infériorité n'est malheureusement pas contestable. Doué en général d'une certaine instruction spéciale, le mécanicien en prend très à son aise avec le capitaine auquel les règlements le subordonnent; de là des disputes et des animosités sans trève dont l'armateur paie tous les frais. « Le seul point sur lequel ils s'entendent, nous écrivait dernièrement un des principaux armateurs du Havre, c'est le parti pris de faire tout ce qui dépendra de chacun d'eux pour prolonger le séjour dans les ports ! » Il n'est pas difficile d'expliquer cette situation fâcheuse, et il ne le serait pas davantage d'y porter remède.

On peut dire que les progrès de la navigation à vapeur se sont imposés à la France par surprise; même parmi nos populations côtières, nous n'y sommes pas encore faits. Dans toutes les classes de la nation, et surtout dans celles que la chose intéresserait le plus, on ignore que la marine n'a pas seulement besoin de marins, mais qu'elle fournit aussi une carrière des plus avantageuses aux mécaniciens. Nous pourrions citer plus d'un bateau à vapeur où le capitaine n'a pas la moitié des appointements de son rival. Quelles que soient les aptitudes et la conduite d'un mécanicien, il est toujours sûr de trouver de l'emploi, tant les armateurs sont pressés par l'impossibilité de choisir. Il dépend des personnes qui se trouveront en situation d'indiquer une carrière à de jeunes ouvriers intelligents, de leur montrer cette voie et de les faire profiter des gros salaires qu'elle assure. Quand le métier sera un peu plus couru, ceux qui abusent aujourd'hui de leur monopole seront obligés de se surveiller davantage.

L'indifférence des Compagnies de chemins de fer pour le sort de notre cabotage a été une autre cause de la crise actuelle.

Les ports de Calais, Boulogne, Dieppe, le Havre, Honfleur, Cherbourg, Granville et Saint-Malo sont reliés à l'Angleterre par des lignes régulières appartenant aux Compagnies anglaises de chemins de fer dans le réseau desquelles se trouvent Douvres, Folkestone, Newhaven, Littlehampton, Southampton et Weymouth. La majeure partie des marchandises qui constituent le fret de ces lignes vient de France; cette circonstance constitue un avantage et aurait mis nos chemins de fer en position d'exiger le partage des pavillons.

Il y a, paraît-il, des raisons provenant des clauses de la concession de l'État qui leur ont imposé cette attitude résignée. Ainsi, la Compagnie de l'Ouest, quand elle a voulu contribuer à l'établissement de la ligne de Cherbourg à Weymouth, n'a pu que verser la moitié du capital et laisser à la Compagnie du Great-Western les soins de l'exploitation. Il en est de même pour la ligne de Dieppe à Newhaven; bien qu'ici les deux tiers du capital aient été fournis par nos compatriotes, c'est la Compagnie du chemin de fer de Brighton qui s'est chargée de l'exploitation (1).

Les inconvénients qui ont motivé dans le passé, à une époque où notre cabotage n'avait pas encore complètement succombé, le désintéressement auquel la Compagnie de l'Ouest a été contrainte de se résoudre suffisent amplement pour couvrir sa responsabilité; mais, ce qui est inadmissible, c'est que des cahiers des charges rédigés par l'État aillent à l'encontre d'un intérêt national et entravent les dispositions toujours si bienveillantes envers notre marine que plus d'un armateur a pu apprécier chez les hommes éminents placés à la tête de cette Compagnie.

C'est un devoir pour les Ministères des

(1) Depuis que ces lignes ont été écrites, les journaux ont annoncé la francisation, à la date du 1er mai 1887, des vapeurs affectés à la ligne de Dieppe à Newhaven.

travaux publics et du commerce de s'entendre pour faire cesser une aussi fâcheuse situation.

Il existe un autre moyen, à la disposition de tous nos chemins de fer sans exception, d'apporter un secours des plus efficaces au pavillon français. Nous ne pensons pas que, dans un seul marché de charbon anglais conclu par nos six grandes Compagnies ou par les lignes de l'État, on ait jamais inséré la clause d'exclusion du pavillon étranger pour le transport de l'approvisionnement. Si nous avons le droit de reprocher cette omission à des entreprises qui jouissent d'une garantie d'intérêts, que devons-nous penser de la responsabilité des chemins de fer de l'État? Il faut vraiment que nous soyons doués d'une patience exceptionnelle pour que nos marins sans emploi voient de sang-froid des vapeurs anglais décharger chaque jour sur toute l'étendue de nos côtes les milliers de tonnes de charbon qu'il faut à nos chemins de fer.

Qu'on n'allègue pas le surcroît de dépenses qu'entraînerait l'emploi exclusif de notre pavillon! Il n'est pas prouvé que les armateurs français ne puissent passer des marchés aussi avantageux que leurs concurrents d'outre-Manche; quand même ils exigeraient un taux un peu supérieur, est-ce que l'augmentation de bien-être que causerait dans l'ensemble des populations habitant le réseau de chaque Compagnie la reprise d'une industrie à l'agonie, est-ce que la distribution du prix du fret parmi les habitants de nos côtes n'aurait pas une plus heureuse influence sur le relèvement des dividendes, sur la diminution de la garantie d'intérêts, que les économies obtenues à l'aide de paiements à l'étranger? Mieux vaudrait certainement ne brûler que du charbon extrait sur notre territoire; mais puisque nous devons nous résigner à en prendre la majeure partie hors de France, que ce soit au moins notre marine qui bénéficie du fret! Une quantité considérable des actions de toutes les Compagnies est classée parmi nos capitaines, nos armateurs, nos fournisseurs pour la marine et parmi bien des capitalistes qui habitent nos côtes ou qui s'intéressent à la prospérité des gens de mer. Que ces actionnaires sortent de leur apathie et réclament de leurs associés un peu de la sympathie qui leur est due; nous serions bien surpris si on ne répondait pas à leur appel.

Ce que nous venons de dire des chemins de fer peut s'appliquer aussi bien aux grandes Compagnies de navigation auxquelles le budget alloue chaque année des millions en rémunération de leurs services postaux. Elles possèdent dans nos grands ports et dans toutes les parties du monde des dépôts de charbon; pourquoi l'État qui les a enfin obligées à construire leurs bâtiments en France ne leur interdit-il pas l'usage du pavillon étranger pour l'alimentation de ces dépôts?

Comment d'ailleurs compter sur l'État pour imposer à d'autres l'obligation de faire vivre (vivoter serait plus exact) notre matériel à flot, quand lui-même néglige régulièrement les innombrables occasions qu'il a de lui venir en aide ? Chaque jour nous voyons des députés sympathiques à notre agriculture échouer dans leurs réclamations contre la trop grande propension qu'a le Ministère de la guerre à faire à l'étranger d'énormes commandes de grains et de fourrages; il est regrettable qu'aucun représentant de nos départements maritimes n'ait jamais demandé que ces importations, puisqu'on ne veut pas les interrompre, soient au moins réservées à notre marine. Ce serait là une réclamation bien justifiée et qu'il serait difficile de repousser à moins d'un parti pris absolu.

L'exemple de l'arsenal de Rennes se présente en ce moment à notre mémoire : depuis des années qu'il reçoit périodiquement des saumons de fonte de Middlesborough, nous pouvons certifier que tous les chargements sans exception aucune lui ont été livrés sur les quais de Saint-Malo par des vapeurs anglais.

Quand de pareils faits se passent au grand jour, sur toutes nos côtes, pendant des années, sans guère provoquer de protestation, on se demande si l'indifférence générale de toutes les classes de la nation pour les questions d'utilité pratique n'est pas encore plus répréhensible que les fautes de ceux qui gouvernent.

Une seule exception doit être faite dans les reproches à adresser aux divers départements ministériels; l'administration de la marine mérite certains éloges : elle se fait une règle d'imposer l'emploi du pavillon français quand elle s'adresse à l'industrie privée pour des transports de matériel. Mais nous n'oserions affirmer qu'elle agisse de même dans les marchés de fournitures venant de l'étranger. Quoi qu'il en soit, elle est tellement seule à témoigner de l'intérêt à la marine marchande que nous ne saurions trop supplier les autres administrations de l'imiter même dans la plus faible mesure. Quand l'État se décidera-t-il à réduire la part que, sous prétexte d'économie et d'obéissance aux principes enseignés dans nos écoles de droit, il prélève depuis si longtemps sur nos contributions pour la verser bénévolement à tout ce que nous comptons de rivaux et même d'ennemis en Europe et en Amérique?

Nous venons d'indiquer rapidement quelques-unes des mesures dont l'application immédiate pourrait dans un court délai doter le pays d'une flotte de caboteurs à vapeur. En ce qui concerne l'avenir, nous pensons qu'on ne saurait trop approuver la tendance qui paraît actuellement se manifester dans les Chambres contre la conclusion d'aucun traité de commerce pour une période dépassant 1892, année où la France reprendra une liberté qui a été trop facilement aliénée. Il lui sera alors pleinement loisible de frapper d'une surtaxe le tiers pavillon, et de conférer par là à sa marine une protection autrement efficace que les subventions payées en ce moment par le budget.

Si les partisans du libre-échange ont à la rigueur le droit de soutenir que notre pavillon ne mérite aucune pitié quand il est vaincu par le pavillon anglais dans la lutte pour le trafic franco-anglais, par le pavillon norwégien dans la lutte pour le trafic franco-norwégien, etc., rien dans leurs doctrines ne les autorise à nous obliger de supporter en silence que les transatlantiques de Hambourg et de Brême disputent aux nôtres le peu de frets de sortie que fournit le Havre, et que des bâtiments anglais nous apportent les bois de la Baltique et les blés d'Amérique.

Quand nous n'aurons plus à compter dans chaque pays qu'avec la concurrence de la marine de ce pays même, notre pavillon reprendra le rang qu'il a jadis occupé dans le monde. Les belles moissons qu'il y aura alors à récolter dans le trafic avec les États qui ne sont pas en situation de se mesurer avec nous développeront assez promptement une vive concurrence entre nos armateurs, et cette concurrence féconde ne tardera pas à les aguerrir suffisamment pour qu'ils puissent reprendre la lutte contre ceux qui nous distancent aujourd'hui.

(*Revue française*, 1er décembre 1886).

LES

CHEMINS DE FER

DE L'ALGÉRIE-TUNISIE

Depuis le mois de novembre dernier, c'est-à-dire depuis l'achèvement de la dernière section du chemin de fer d'Alger à Constantine, on peut aller par voie ferrée d'Oran à Tunis; les deux points extrêmes de cette grande ligne parallèle à la mer sont Aaïne-Temouchent, entre le 3e et le 4e degré de longitude Ouest de Paris, et Hammame-el-Lif, sous le 8e méridien Est.

Au total, un parcours de 1,400 kilomètres, soit la distance de Paris à Vienne!

L'Afrique française possède ainsi d'ores et déjà une grande ligne reliant le versant oriental de la Tunisie aux frontières du Maroc. De distance en distance, cette artère est raccordée tantôt avec de petites lignes qui lui apportent le trafic de la côte septentrionale, tantôt avec des tronçons et même des lignes importantes qui pénètrent dans le Sahara. C'est dans le courant du mois d'avril que doit avoir lieu l'inauguration solennelle; le moment semble donc opportun pour jeter un coup d'œil sur la carte des chemins de fer de l'Afrique française et pour passer la revue des voies en cours d'exécution. Ce sera le meilleur moyen de donner au lecteur un compte rendu exact de la situation économique de notre grande colonie au printemps de 1887; ce sera aussi le meilleur moyen de le renseigner sur les progrès que nous sommes légitimement en droit d'attendre de l'avenir.

A tous les avantages commerciaux et stratégiques que présentent généralement les chemins de fer, ceux d'Algérie-Tunisie en ajoutent un nouveau dont l'importance est souveraine et dont on ne rencontrerait pas l'application ailleurs. Il saute aux yeux que, si ce pays diffère de la Tripolitaine et du Maroc, c'est à l'immigration européenne qu'il le doit.

Le Musulman subit le progrès qu'il voit s'accomplir à ses côtés, mais il n'y contribue pas. Les terres qu'il possède sont soustraites à toute amélioration. En sorte que le problème de la colonisation se résume dans cette simple formule : Faire passer la propriété des mains des Arabes dans celles des Européens. Tant qu'il y a eu des terres domaniales ou séquestrées à distribuer aux nouveaux arrivants, le programme a été très facile à remplir. Mais, quand cette source a commencé à tarir, la chose est devenue plus difficile. On a étudié tous les moyens; finalement on s'est arrêté à un projet de loi, dont chacun se rappelle la discussion à la Chambre des députés, et qui ne consistait en rien de moins qu'un emprunt de 50 millions de francs destinés à exproprier les indigènes; les terres ainsi obtenues auraient été vendues en lots par adjudication. Ce procédé était énergique;

il reposait sur des considérations irréfutables. Mais il a paru trop violent et quelque peu entaché de cruauté; la Chambre a refusé de le sanctionner. Il est bon de remarquer, en passant, que la Prusse ne paraît guère s'inspirer de cet exemple dans les mesures qu'elle prend pour la germanisation forcée de la Posnanie. Eh! bien, ce que nos sentiments d'humanité nous ont empêchés de faire d'une manière coercitive et spoliatrice, les chemins de fer le réalisent par voie amiable et à la satisfaction générale. En Tunisie comme en Algérie, dès qu'une nouvelle ligne est ouverte au trafic, on voit bientôt les colons acheter toute la région qui vient d'être mise à leur portée. Éblouis par l'argent comptant qui leur est offert, les Arabes s'empressent de vendre les terres dont ils ne veulent pas s'imposer la fatigue de tirer un revenu; ils sont ravis de la bonne affaire qu'ils ont faite.

On juge par là de l'importance particulière qu'ont les chemins de fer pour un heureux achèvement de la tâche que nous avons assumée; nous ne possédons pas de plus rapide moyen de conquête et d'assimilation. Voyons maintenant à quel point l'œuvre a été poussée, et rendons-nous compte de ce qu'il reste à faire.

I

LIGNES EN EXPLOITATION

A part deux exceptions insignifiantes : le chemin de fer italien de Tunis à la Goulette, et la ligne de Bône à Aaïne-Mokra (33 kilomètres), notre réseau africain appartient à cinq Compagnies : Bône-Guelma, P.-L.-M., Est-Algérien, Franco-Algérienne et Ouest-Algérien.

La *Compagnie de Bône-Guelma* exploite actuellement les lignes de :

Hammame-el-Lif à Tunis..	17	kilom.
Tunis au Khroub.........	447	—
Et l'embranchement de Bône à Duvivier................	55	—
TOTAL.......	519	kilom.

Comme on le voit, cette Compagnie est surtout tunisienne ; elle est appelée à recueillir la concession de tous les nouveaux embranchements dont l'établissement pourra être jugé nécessaire dans la Régence.

Est-Algérien. — Le réseau de cette Compagnie comprend les lignes de :

Constantine à la Maison-Carrée (Alger)..............	453 kilom.
El-Guerra (Constantine) à El-Kantarah, environ..........	145 —
Ménerville à Haussonviller, environ....................	27 —
TOTAL.......	625 kilom.

Ainsi que nous venons de le dire, la ligne d'Alger à Constantine n'est ouverte à la circulation sur tout son parcours que depuis la fin de 1886 ; il a fallu un travail de trois ans pour venir à bout des difficultés que présentait la traversée du massif du Djurdjura.

P.-L.-M. — Le tronçon de Philippeville à Constantine (87 kilomètres) et la grande ligne d'Alger à Oran (421 kilomètres) appartiennent tous deux à cette Compagnie, bien que séparés l'un de l'autre par une distance de 450 kilomètres.

Franco-Algérienne. — Voici la plus longue ligne de pénétration dans le Sud que nous possédions encore. Du port d'Arzeu à Mécheria on compte 352 kilomètres. La Compagnie exploite en outre un raccordement de Aaïne-Tizi à Mascara (12 kilomètres) et un embranchement de Modzbah à Marhoume (32 kil.).

La section extrême de Modzbah à Mécheria, qui mesure 115 kilomètres, a été construite en 239 jours (1881-1882), ce qui représente la moyenne incroyable d'un demi-kilomètre par 24 heures.

Ouest-Algérien. — La ligne de Sainte-Barbe-du-Tlélat (26 kilomètres d'Oran) à Ras-el-Ma est aussi une ligne de pénétration ; elle mesure 152 kilomètres. Celle de la Sénia (Oran) à Lalla-Maghnia, sur la frontière du Maroc, n'atteint jusqu'à présent que Aaïne-Témouchent (76 kilomètres).

En additionnant toutes les différentes sections que nous venons de passer en revue, on obtient un total de 2,300 kilomètres en pleine exploitation au mois de mars 1887. C'est un résultat bien fait pour flatter notre amour-propre et pour nous porter à envisager l'avenir avec confiance.

Si nous jetons un coup d'œil sur les 900 kilomètres en construction, dont l'achèvement à date fixe est imposé par contrat, l'impression est encore plus favorable.

II

LIGNES EN CONSTRUCTION

La Compagnie Bône-Guelma doit livrer dans le courant de l'année prochaine les embranchements de Béjà-gare à Béjà-ville (Tunisie), 13 kilomètres, et de Souk-Ahras à Tébessa (province de Constantine), 130 kilomètres.

C'est à la même échéance que doivent

être terminés les travaux de l'Est-Algérien sur l'embranchement des Ouled-Rahmoune, près de Constantine, à Aaïne-Beïda (88 kilomètres), et sur celui d'El-Kantarah à Biskra (environ 55 kilomètres). Mais c'est en 1887 que cette Compagnie doit achever la jonction du port de Bougie avec la grande ligne longitudinale de Tunis à Oran, à la station des Beni-Mansour (87 kilomètres), ainsi que la jonction de Tizi-Ouzou (Kabylie) par Haussonviller et Ménerville, soit 26 kilomètres.

La Compagnie Franco-Algérienne doit livrer, le 15 avril 1888, la nouvelle ligne de pénétration de Mostaganem à Tiaret (province d'Oran), dont la longueur est de 200 kilomètres, et, en 1890, le prolongement jusqu'à Aaïne-Sefra de la grande artère franco-marocaine, qui s'arrête actuellement à Mécheria; cette section mesurera 102 kilomètres.

L'Ouest-Algérien livrera en juillet 1889 le raccordement de Tlemcen à Tabia, sur la ligne d'Oran à Ras-el-Ma (64 kilomètres), et en juillet 1890 celui de Berrouaghia à Blidah, près d'Alger (86 kilomètres).

La première section qui ait été ouverte à l'exploitation en Algérie est celle de Philippeville à Constantine (1870). Puis sont venues celles d'Alger à Oran (1871), de Sainte-Barbe-du-Tlélat à Sidi-bel-Abbès et de Bône à Constantine (1877), etc.

La plupart des premières concessions n'ont eu en vue que de relier aux ports les riches régions du littoral ou de faire communiquer rapidement Alger avec les autres provinces. Au point de vue commercial, ces lignes ont donc toujours eu à supporter la concurrence de la navigation. Mais, heureusement, on a pu commencer, depuis quelques années, à pousser vers le Sud et à étendre à cette région l'œuvre de la colonisation. Aaïne-Beïda, Biskra, Berrouaghia, Tiaret, Aaïne-Sefra, Tlemcen entendront siffler les locomotives à des dates que nous avons indiquées. C'est alors qu'il deviendra possible de poser les premiers jalons d'une entreprise qui n'est actuellement qu'une utopie, mais qui, avec le temps, offrira moins de difficultés que beaucoup d'autres : nous voulons parler du Transsaharien.

III

LIGNES EN PROJET

Un des premiers embranchements à construire en Tunisie est celui de Bizerte, la future Malte française; il n'est pas possible que nous restions longtemps sans utiliser la situation exceptionnelle de ce port naturel. On travaille en ce moment à creuser plus profondément le goulet qui conduit au lac intérieur.

Il faudra aussi relier à Tunis les villes de Sousse et de Kairouane, entre lesquelles circule un petit tramway appartenant à la Guerre.

Enfin, de même qu'il a fallu, une fois les rails parvenus à Batna, les pousser jusqu'à Biskra, de même nous ne doutons pas que, une fois la ligne de Souk-Ahras à Tébessa achevée, on ne se décide à la prolonger vers Gafsa et le golfe de Gabès.

L'extension jusqu'à Touggourt de la ligne de Biskra ne se fera certainement pas beaucoup attendre; nous savons que des démarches sont faites pour obtenir la déclaration d'utilité publique : elle sera très probablement accordée dans le courant de cette année.

Dans trois ou quatre ans, quand ce point aura été atteint, ce sera Ouargla qui appellera un nouvel effort; puis viendra le tour d'El Goléah. C'est seulement par des acheminements graduels de cette nature qu'il sera possible, à notre avis, d'entamer d'une manière pratique la grande œuvre du Transsaharien. Timimoune et Aaïne-Salah seront sûrement atteints dans quinze ou vingt ans, si nous continuons d'ici là à poser régulièrement chaque année quelques kilomètres de rails de plus dans la direction du Sud, sans nous laisser éblouir par des projets aventureux, mais sans non plus nous laisser effrayer par les difficultés de la tâche.

Mentionnons encore, avant de quitter la province de Constantine, les études d'une nouvelle voie de communication entre le chef-lieu et la mer, au port de Djidjelly, et le projet de joindre le port de Bougie à la ville assez importante de Sétif. On espère que les travaux de la ligne de Constantine à Djidjelly commenceront avant deux ans.

Des trois provinces de l'Algérie, celle qui jusqu'à présent a été le moins favorisée au point de vue des chemins de fer, c'est la province centrale; néanmoins, l'heure de la réparation paraît avoir sonné, puisque nous venons de voir que l'Ouest-Algérien construit en ce moment, entre Blidah et Berrouaghia, la première section de la grande ligne de pénétration d'Alger à Laghouat par Boghar et Djelfa.

A l'instar des lignes de Biskra et d'Aaïne-Sefra, celle de Laghouat est destinée à être prolongée plus profondément vers le Sud;

elle traverserait Ghardaya pour aboutir à Ouargla où elle rencontrerait la ligne venant de Touggourt.

Orléansville, sur la ligne d'Alger à Oran, demande depuis longtemps à être reliée au port de Ténès.

Dans la province d'Oran, l'objectif que nous ne devons jamais perdre de vue est l'annexion de Figuig et l'extension dans la direction de cette oasis de la ligne d'Aaïne-Sefra. Une négligence inconcevable a laissé en dehors de nos frontières un point d'une telle importance stratégique et commerciale, alors que l'Algérie des Deys n'avait toujours été limitée que par la Moulouya. C'est à l'opinion publique à sortir de sa torpeur; si le Gouvernement était sûr d'être suivi par elle, il y a longtemps que cette question aurait été résolue à notre honneur. Mais, dans les circonstances présentes, n'y a-t-il pas quelque présomption à compter sur l'opinion publique pour stimuler les allures trop modestes de nos gouvernants?

Signalons, pour finir, le projet d'un chemin de fer entre Tlemcen et Rachegoune, le seul bon mouillage de l'Ouest; il aurait été mis depuis longtemps à exécution sans l'hostilité de la ville d'Oran qui ne veut pas voir ouvrir un bon port dans son voisinage.

Quand on jette un coup d'œil sur la carte des chemins de fer de l'Algérie-Tunisie, on est immédiatement frappé de la différence qui se manifeste entre leur plan d'ensemble et celui de la mère patrie.

En France, on n'a visé, à l'origine, qu'à faciliter les communications entre Paris et la province; tout convergeait vers un point unique. Les lignes à l'usage exclusif de la province ne sont pas anciennes; répondant à des besoins locaux, elles ne rentrent pas dans un cadre préconçu.

En Afrique, au contraire, le point de départ n'est pas une capitale d'où les rayons partent dans toutes les directions; c'est une longue ligne horizontale, s'étendant, dans le Nord, de l'Est à l'Ouest, et d'où les bras descendent vers le Sud, quelques-uns plus profondément que les autres.

Ici, nous remarquons immédiatement une lacune; il ne semble pas possible de laisser isolées les unes des autres ces têtes de ligne que leur éloignement de la côte expose à toutes les surprises du désert. La construction d'une deuxième voie longitudinale, parallèle à la première et reliant Zarzis ou Gabès à Figuig par Tougourt, Laghouat et Géryville, s'impose inévitablement; si les intérêts de la colonisation ne sont pas suffisants pour faire décider l'accomplissement d'un pareil effort, des raisons stratégiques viendront à bout de toutes les hésitations.

Il nous reste maintenant à dire un mot de la question financière. C'est la seule ombre au tableau. Toutefois, n'oublions pas que, dans les pays neufs, les chemins de fer n'ont pas pour but d'exploiter une situation économique florissante : ils visent au contraire à amener cette situation. En France et dans tous les pays du monde, les routes nationales, ni les chemins d'intérêt local, ne rapportent aucun dividende ; s'est-il jamais rencontré personne pour leur reprocher cette absence de recettes directes et la cherté du personnel qu'exige leur entretien? On doit donc ne pas se montrer plus exigeant pour les chemins de fer; ils parviennent à payer une partie de leurs dépenses et ils ne réclament le secours de l'État que pour le règlement du solde. Si l'on ajoute à cette considération celles des économies considérables en argent et en hommes qu'ils assurent au département de la guerre, la garantie financière de l'État paraîtra beaucoup moins lourde. « Actuellement il faut » quatre jours, dit le commandant Niox » (Algérie, *Géographie physique*, 1884), pour » atteindre les postes du Sud oranais, huit » jours pour aller de Tiaret à Géryville, » quinze jours pour aller de Boghar à La- » ghouat. On est donc obligé de maintenir » dans l'extrême Sud des garnisons relati-

» vement nombreuses, tandis que, si l'on » disposait de lignes ferrées, une compagnie » suffirait où il y a maintenant un bataillon. »

Ces derniers mots résument toute la question ; non seulement les chemins de fer permettent de remplacer les bataillons par des compagnies, mais il y aurait même lieu de rechercher si l'on ne pourrait pas remplacer les régiments par des bataillons. Plus il deviendra facile de transporter rapidement des troupes sur un point déterminé, moins il sera nécessaire d'en distraire de la tâche la plus importante aujourd'hui : la défense des Vosges (1).

On a cité bien souvent le mot du maréchal Pélissier : « Tant qu'il n'y aura pas 1,000,000 d'Européens dans ce pays, nous risquerons d'être..... *rejetés* à la mer. » En 1887, les Européens ne sont encore que 600,000 ; mais, grâce à la vapeur, ils sont plus solidement

(1) Les directions d'artillerie d'Oran et de Constantine viennent d'être supprimées en raison des nouvelles facilités de communication (juin 1887).

implantés que ne l'auraient été 1,200,000 colons avant le débarquement de la première locomotive.

Qu'il nous soit permis en terminant d'adresser à la Compagnie générale transatlantique et aux différentes Compagnies de chemins de fer un vœu à la réalisation duquel elles sont directement intéressées. Le touriste, désireux de visiter nos deux colonies n'a que l'embarras du choix entre les différents itinéraires de billets circulaires qu'elles lui offrent; mais aucun de ceux actuellement en vente ne lui permet d'utiliser le chemin de fer direct d'Alger à Constantine. Nous pensons que l'émission d'un nouveau modèle de parcours, dans lequel les trajets en mer seraient réduits aux seules traversées de Marseille à Tunis, pour l'aller, et d'Oran à Marseille pour le retour, ou inversement, aurait la plus heureuse influence sur l'augmentation du nombre des excursionnistes en Algérie-Tunisie; peu de touristes hésiteront quand on saura que l'on peut traverser ce pays, d'une extrémité à l'autre, en chemin de fer, sur une longueur de 1,400 kilomètres, sans interruption ni fatigue, et que les seuls trajets par mer obligatoires sont ceux de l'aller et du retour.

(*Revue française*, 1er avril 1887).

DEUX PROVINCES

ET

DEUX CAPITALES

Pendant le séjour que M. Massicault, notre Ministre Résident en Tunisie, a fait à Paris au mois de mars, les journaux ont annoncé qu'il venait recommander au Gouvernement différentes mesures dont l'adoption répondrait aux vœux des colons et consoliderait notre établissement dans la Régence. Une de ces mesures, la création d'une Cour d'appel à Tunis, nous paraît mériter plus qu'une simple mention dans les nouvelles du jour ; il nous semble que, suivant la manière dont elle serait appliquée, elle pourrait être le point de départ d'une nouvelle direction à donner à notre politique générale dans l'Afrique française, au lieu de demeurer dans les limites d'une simple réforme de l'organisation judiciaire de la Tunisie.

Cette province, comme on le sait, ne possède encore qu'un tribunal de première instance, dans la capitale, et des justices de paix dans les localités les plus importantes. La juridiction supérieure est à Alger; en sorte que les justiciables ont à subir non seulement les inconvénients qui résultent d'un trop grand éloignement de la Cour d'appel, mais encore ceux que cause l'encombrement des rôles, encombrement bien naturel, puisque la même Cour revise les jugements rendus dans les quatre provinces d'Oran, d'Alger, de Constantine et de Tunis.

Néanmoins, la création d'un tribunal supérieur ne comptant dans son ressort qu'un seul tribunal de première instance aurait paru par trop luxueuse dans la période de déficits que nous traversons; on a pensé la justifier davantage en proposant d'établir un deuxième tribunal à Sousse ou à Sfax. A notre avis, c'est n'envisager la réforme que par ses petits côtés, c'est ne la faire reposer que sur des intérêts pressants, il est vrai, mais simplement locaux. Nous croyons qu'il y aurait mieux à faire, et qu'il serait fâcheux de ne pas profiter d'une occasion si favorable pour donner à la Tunisie une organisation définitive.

La situation provisoire dans laquelle se trouve ce beau pays inspire aux personnes qui s'intéressent à ses progrès deux genres d'inquiétude. Nos colons trouvent que l'assimilation ne se fait pas assez promptement; émerveillés à la pensée de tous les emplois rémunérés que rendrait nécessaires la création d'un quatrième département africain, beaucoup d'entre eux demandent une annexion pure et simple à l'Algérie. Par contre, en France, on redoute généralement le développement du fonctionnarisme et l'on est à peu près d'accord pour vouloir la continuation d'un régime qui a parfaitement réussi jusqu'à présent. Les nombreux partisans du protectorat n'ont pas de crainte plus vive que de voir l'Algérie absorber un jour sa jeune sœur. Comment n'ont-ils pas encore compris qu'il n'y a qu'un moyen de rendre l'ancienne colonie moins dangereuse pour la nouvelle, et que, en l'amputant d'une province, on mettrait immédiatement fin à ses velléités ?

Nous venons de prononcer un bien gros mot; il faut l'expliquer sans retard en déclarant que c'est dans le rattachement de la province de Constantine à la Tunisie que se trouve, suivant nous, la solution de toutes les difficultés résultant du peu d'ancienneté de notre entrée dans la Régence; nous prétendons même que la perte d'une province, loin de nuire à l'Algérie, comme on serait tenté de le croire, aurait pour elle les plus heureux effets. Avec ses 3,800,000 habitants, elle devient un bien gros morceau; pour peu que le prodigieux accroissement de sa population révélé par le dernier recensement se maintienne, elle sera bientôt plus peuplée, au moins dans sa zone septentrionale, que certaines régions de la France. Aussi, le moment peut sembler venu d'envisager l'éventualité d'une sécession de la province de Constantine. Le projet d'installer une Cour d'appel à Tunis arrive on ne peut plus à propos pour donner de l'actualité à la question.

Constantine est également reliée par voie ferrée avec Tunis et Alger; la jonction avec cette dernière n'ayant été achevée qu'en novembre 1886, elle a donc eu pendant plusieurs années des relations plus faciles avec la première qu'avec le siège du gouvernement général; de plus, elle est à mi-chemin entre les deux capitales. Elle n'aura certainement pas de peine à comprendre combien l'adoption du projet aiderait à ses désirs de jouer un rôle dans l'administration de la Régence; aussi ne prévoyons-nous pas de bien grandes objections de sa part. La seule question qui pourrait motiver de sérieuses réclamations serait celle du siège de la Cour; peut être serait-il plus équitable de l'installer à Constantine.

Mais c'est là un détail d'exécution à régler postérieurement et qui n'a rien à faire avec la question plus haute de la division de l'Afrique française en deux tronçons étrangers l'un à l'autre.

Au point de vue financier, il y aurait un véritable intérêt à faire ressortir de la nouvelle Cour tous les tribunaux fonctionnant dans la province de Constantine, car cette mesure emporterait avec elle la suppression immédiate d'un tiers des sièges de la Cour d'Alger et le transfert d'un tiers des conseillers à la nouvelle Cour. C'est là un point qui a son importance et qui pourra vaincre bien des hésitations dans le Parlement.

Il y a déjà plusieurs mois que le Ministère de la guerre a soumis aux Chambres un projet de réforme qui atteindrait encore plus sûrement le but auquel nous tendons. Parmi les différents chapitres du plan de réorganisation militaire, figure la création à Tunis d'un 20e corps d'armée qui serait composé de la brigade d'occupation et des troupes de la province de Constantine enlevées au 19e corps. De l'avis de l'administration de la guerre, la France, en chargeant du soin de tenir garnison en Tunisie une brigade formée de pièces et de morceaux, a adopté le moyen le plus certain de donner à son occupation un caractère provisoire, de créer l'impression d'un campement. Nous ignorons quel accueil la commission parlementaire a fait au projet; en tous cas, la presse a été unanime pour l'approuver. Mais il est à désirer que l'on ne tranche pas isolément ces deux questions; le 20e corps d'armée et la Cour d'appel de Tunis sont des réformes connexes qui doivent être appliquées simultanément. De la sorte, notre Empire africain sera divisé, une fois pour toutes, en deux grandes provinces complètement distinctes au triple point de vue militaire, judiciaire et même administratif :

Province occidentale, composée des départements d'Alger et d'Oran étroitement rattachés aux différents ministères de la métropole, puisque telle est la tendance qui domine aujourd'hui.

Province orientale, composée de la Tunisie et du département de Constantine, où l'impulsion du pouvoir central se ferait sentir d'une matière moins directe, mais tout aussi efficace.

En ce qui concerne l'organisation militaire, peut-être y aurait-il même lieu d'étudier l'entrée ultérieure d'un nouvel élément dans la constitution du 20e corps.

On sait que, si l'Italie et l'Espagne envoient tant de colons en Afrique, c'est parce que ces pays possèdent des provinces méridionales dont le climat est analogue à celui vers lequel se dirigent les émigrants. Les Italiens de Tunis sont tous siciliens ou sardes ; les Espagnols d'Alger sont baléares, et ceux d'Oran andalous. Quant aux Maltais, ils pullulent, et ils nous servent en Tunisie d'excellent contrepoids à l'immigration italienne. Conformément à la même loi d'origine, nos colons dont l'acclimatement réussit le mieux sont les Corses, les Provençaux et les Languedociens; les Français du Nord s'affaiblissent, ils se reproduisent dans de bien moins grandes proportions que ceux du Midi. La colonisation par les Alsaciens-Lorrains a malheureusement donné de gros mécomptes ; mais cet insuccès a été encore moindre que celui des tentatives par des Irlandais à l'époque où le maréchal de Mac-Mahon était gouverneur général. Il y a quelques semaines, M. de Lesseps faisait remarquer le fait caractéristique de l'absence complète en Égypte de tout métis d'Anglais et d'Égyptienne. Ces raisons expliquent pourquoi sur le Niger les noms de Pietri, dans le passé, et de Gallieni, dans le présent, font tant d'honneur à notre pays.

Si l'on admet comme démontré que les habitudes contractées par les déplacements pour le service militaire prennent souvent de la consistance une fois le temps de service écoulé, ne semblerait-il pas sage de faire profiter l'Afrique française de la prédisposition évidente des Corses pour les basses latitudes ? Le corps d'armée du continent dans lequel figure l'île est le 15e, celui du

Sud-Est; il comporte par lui-même une superficie bien assez étendue pour que la perte des contingents insulaires ne puisse pas l'affaiblir d'une manière sensible. Autant, si ce n'est plus que l'armée, la marine aurait un rôle à jouer dans la défense de la Corse comme dans celle de la Tunisie; la similitude des dangers auxquels ces régions seraient exposées et l'identité de leur mode de défense font naturellement songer à combiner leurs forces militaires et maritimes, surtout après le creusement assez prochain du port de Bizerte. Enfin, ne pense-t-on pas que cette union de nos moyens offensifs du Nord et du Sud de la Sardaigne serait de nature à donner à réfléchir à tel de nos voisins qui ne se rend pas toujours assez compte des raisons qu'il aurait de moins nous provoquer? Ajaccio et Bizerte réunis sous un même commandement seraient une bien significative manifestation de l'alliance conclue en 1881 entre les fils de Brennus et ceux d'Annibal.

Pour en revenir à des réformes plus prochaines il faut se rappeler que l'Afrique française mesure une étendue supérieure de 250,000 kilomètres carrés à celle de la France; la séparer en deux moitiés égales, conformément à une certaine symétrie géographique, serait simplement faire œuvre de bon sens. Dans la suite, lorsque la population sera devenue plus dense, il sera temps de morceler chacune des deux provinces en un plus grand nombre de départements : pour le présent, deux par province suffisent amplement. Quant à l'administration proprement dite, il serait difficile d'empêcher l'union du département de Constantine et de la Tunisie de devenir, avec le temps, une conséquence forcée de leur jonction aux points de vue judiciaire et militaire. Il n'échappera pas aux sénateurs et aux députés de l'Algérie qu'aucune mesure n'appuierait plus efficacement leurs réclamations déjà si anciennes contre la conservation d'un Gouvernement général; ils n'auraient pas de peine à démontrer l'inutilité d'un rouage qui s'appliquerait à deux départements seulement. D'autre part, si on persévère, comme c'est probable, dans la politique des rattachements aux divers services métropolitains, il n'y aura vraiment pas d'inconvénient à faire correspondre les préfets d'Alger et d'Oran directement avec les ministères. Néanmoins, en attendant la date encore bien reculée de l'assimilation complète, on pourra toujours investir le préfet d'Alger d'une certaine suprématie sur son collègue de l'Ouest; on pourrait même lui faire échanger son titre de préfet contre celui de gouverneur de la province occidentale. De même, dans la province orientale, il faudrait conférer au Résident de Tunis les pouvoirs actuels du gouverneur général sur la province de Constantine. En supprimant une administration aussi considérable, et en faisant bifurquer ses attributions sur deux fonctionnaires existant déjà, on réalisera une économie des plus notables; puisse cette pensée rendre le

Parlement plus favorable à la création de la Cour d'appel projetée!

Nous ne saurions trop insister sur l'urgence qu'il y a à doter la Tunisie d'institutions présentant un plus grand caractère de permanence; croit-on, par exemple, que si Tunis était la capitale de la province orientale de l'Afrique française avec un gouverneur civil, un commandant du 20e corps d'armée, un préfet maritime, une Cour d'appel, un archevêque métropolitain de l'évêque de Constantine, une Académie universitaire et toutes les autorités qu'on trouve à Alger et dans nos grandes villes de province, croit-on que nous aurions à subir des manifestations aussi fâcheuses que celle des israélites italiens du mois de mars, ou celle du théâtre italien d'il y a deux ans? La réponse n'est pas douteuse; il faut même reconnaître que nous encourageons par notre temporisation, les espérances les plus hostiles. Cependant, pour ne pas paraître trop exigeant, il serait mieux de ne réclamer pour le moment que l'adoption des deux réformes proposées par les autorités compétentes, c'est-à-dire la réforme judiciaire et la réforme militaire; la troisième découlera naturellement des précédentes, bien qu'elle doive présenter plus de difficultés. On pourra lui reprocher, en effet, de vouloir réunir sous une même direction un pays régi par nous depuis plus de cinquante ans avec un pays que la France ne gouverne que depuis peu et seulement d'une manière médiate. Sans vouloir nier ce qu'il y a de fondé dans cette objection, nous répondrons que l'association de deux régimes parallèles aurait les plus heureux résultats. De même qu'il serait bon de modérer l'assimilation trop hâtive de la province de Constantine, de même il serait bon aussi d'activer quelque peu la francisation de la Tunisie. N'est-il pas probable qu'au bout d'un certain nombre d'années de vie commune les deux subdivisions de la province orientale s'emprunteront réciproquement plus d'une institution, et qu'elles finiront un jour par former un tout homogène? Cela ne fait pas de doute. Mais pour assurer une aussi heureuse solution, le mieux sera de la préparer lentement par des mesures graduelles qui engageront l'avenir.

Les moyens de provoquer de plus nombreux rapports et même de créer des communautés d'intérêts entre les deux régions ne font pas défaut; un des plus simples et des plus efficaces à la fois nous semble devoir être l'adjonction des électeurs résidant en Tunisie au collège électoral de Constantine. On sait le peu d'électeurs que représentent les députés de l'Algérie; d'un autre côté, les Français de Tunisie devront attendre encore très longtemps avant d'être assez nombreux pour avoir droit à figurer dans le Parlement; les admettre à prendre part à la nomination des députés du département voisin serait une mesure qui établirait forcément des liens assez solides entre les votants des deux régions.

Au nombre des conséquences favorables à attendre prochainement de la Cour d'appel et du corps d'armée tunisiens, il faut citer une réforme qu'ils rendront obligatoire, nous voulons dire l'attribution du bureau central des affaires tunisiennes à un autre Ministère que celui des affaires étrangères. Parmi les difficultés qui ralentissent nos progrès en Afrique, il en est d'ordre diplomatique; de celles-là on vient à bout avec de la patience et de l'esprit de suite. Mais il en est aussi dont la solution dépend de notre seule volonté; nous serions coupables de tarder à porter remède à celles-ci. N'est-il pas temps aujourd'hui de ne plus donner au monde le spectacle affligeant d'une possession française, sur laquelle des traités avec toutes les puissances ont confirmé nos droits, administrée cependant à Paris par le même département qui est chargé de nos relations avec l'étranger? Si nous déclarons nous-mêmes que les affaires tunisiennes ressortissent des « affaires étrangères, » comment reprocherons-nous aux indigènes ou à nos rivaux de se refuser à reconnaître le caractère perpétuel de notre occupation? Notre protectorat sur Madagascar est seulement diplomatique, si on le veut; mais sur Tunis, il doit être plus efficace : nul ne le contestera.

Nous le répétons, l'incertitude qui plane sur ses destinées futures ne peut qu'être néfaste à la Tunisie. Constamment menacée par les visées annexionnistes de l'Algérie, elle voit ses administrateurs contraints à hésiter devant toute réforme qui diminuerait la différence entre les deux colonies. La circonspection de la Résidence se conçoit aisément; seulement, il faut aussi reconnaître que retarder un mal n'est pas le rendre impossible. Quand l'Afrique française aura reçu une forme définitive par sa division en deux fortes moitiés dont l'une au moins jouira d'une certaine autonomie, alors seulement toute indécision prendra fin, et la Tunisie rassurée sur sa sécurité pourra persévérer dans la voie de renaissance morale et matérielle où elle est entrée sous la direction de la France.

Ceci dit, il faut, si nous regardons la situation présente, se féliciter des heureux résultats obtenus jusqu'à ce jour par le régime en vigueur; jamais la Hollande ni l'Angleterre n'ont recueilli dans aucun pays les succès si rapides de la France dans ce pays; nous ne devons en attribuer le mérite qu'au plan si pratique d'administration que nous avons adopté, plan qui consiste simplement à conserver l'appareil et le personnel indigènes, mais à organiser en fait une dictature discrète et bienfaisante. Le royaume arabe d'Abd el-Kader aurait été un désastre; celui d'Aly-Bey, surveillé par un bon Résident et une douzaine de contrôleurs est la forme la plus parfaite d'administration pour une colonie récente.

D'ailleurs, il souffle en ce moment un bon vent sur la Régence. Ce n'est pas sans une vive satisfaction que nous avons remarqué parmi les noms des députés qui y ont été faire la grande excursion parlementaire du mois d'avril, ceux de quelques-uns des anciens opposants à l'expédition de 1881. Une telle conversion prouve surabondamment l'unanimité qui a fini par se faire dans tous les esprits sur l'opportunité de notre intervention et sur l'utilité de la nouvelle acquisition. On fera bien de noter le fait à l'étranger. Aujourd'hui tous les Français, à quelque parti politique qu'ils appartiennent, sont parfaitement résolus à approuver toutes les mesures qui tendront à l'affermissement de notre mainmise.

(*Revue française*, 1er juin 1887).

LE

CONTINGENT INDIGÈNE

Le signe le plus certain pour reconnaître à quelle période de son histoire un peuple est parvenu, c'est l'augmentation ou la diminution du chiffre de la population. La volonté souveraine qui gouverne les choses de ce monde a décidé qu'il existerait une certaine simultanéité dans les succès d'une nation en politique, en littérature, en sciences, en arts; elle a établi en plus que cette phase glorieuse coïnciderait toujours avec une accélération dans les résultats de la natalité. Il n'y a qu'une opinion au sujet de l'éternité de ces lois; on leur chercherait vainement une exception dans le vieux monde ou dans le nouveau, dans l'histoire ancienne ou dans celle des temps modernes. Aussi, quand le développement ne se manifeste plus, c'est que les jours d'épreuves sont arrivés; l'heure de la maturité a sonné, celle de la vieillesse et de la mort ne peut beaucoup tarder.

I

LA NATALITÉ FRANÇAISE

Dans la deuxième moitié de ce siècle, la fortune a favorisé d'une manière imprévue deux pays, l'Allemagne et l'Italie, chez lesquels se présente un exemple frappant de la concordance inévitable entre la puissance politique et l'accroissement du nombre des habitants. Nous sommes en droit, il est vrai, de leur dénier toute prééminence dans les différentes branches de la civilisation; mais, en revanche, il nous faut reconnaître que la densité de leur population coïncide remarquablement avec la suprématie diplomatique. Louis XIV a laissé la France plus grande qu'il ne l'avait reçue parce qu'aucun genre d'éclat n'avait fait défaut à son règne; les Allemands auraient quelque peine à prouver qu'ils possèdent en ce siècle une autre supériorité indiscutable que la multiplicité de leurs enfants; par conséquent, il nous est permis de concevoir quelques doutes sur la durée de leur triomphe. Mais nous devons prendre en considération que l'avantage unique dont ils sont dotés est malheureusement le plus important de tous; il ne faut donc rien négliger pour le contrebalancer.

Comme il n'y a pas eu depuis 1871 de modification dans les frontières des États de l'Europe centrale, nous pouvons étudier les résultats de quatre recensements :

	Allemagne :		Italie :
1871 :	41,060,695 hab.	—	26,801,154 hab.
1875 :	42,752,554 hab.	—	27,769,475 hab.
1880 :	45,234,061 hab.	—	28,459,451 hab.
1885 :	46,844,926 hab.	—	29,699,785 hab.

Du tableau qui précède, il ressort que la population de l'Allemagne a progressé en quatorze ans de 5,784,231 habitants, soit une moyenne annuelle de 10 °/₀₀. Dans le même espace de temps, l'Italie en a gagné 2,898,631, soit une progression annuelle de près de 8 °/₀₀. Et cependant ces pays ont à supporter une perte énorme du fait de l'émigration; dans un travail présenté l'année dernière à l'Académie de médecine, le docteur Lagneau estimait à 6 millions et demi le nombre des Allemands vivant à l'étranger.

Rien n'est plus attristant que de comparer ces chiffres avec ceux qui concernent la France :

1872	36,102,921	habitants.
1876	36,905,788	—
1881	37,405,290	—
1886	38,218,903	—

Ainsi, pendant une période de treize ans et demi, notre pays ne s'est accru que de 2,115,982 habitants, soit une moyenne annuelle de 4 °/₀₀; combien nous devons nous féliciter, dans ces conditions, de n'avoir point à fournir un contingent au grand courant moderne d'émigration vers l'Amérique et vers l'Afrique ! Mais ce n'est pas tout, et nous aurions tort de prendre le nombre de 38,200,000 individus pour celui des Français ; le recensement du 31 mai 1886 a constaté la présence en France de 1,115,214 étrangers : il a dû certainement y en avoir beaucoup d'autres qui ne se sont pas déclarés. Déduction faite de ceux qui ont été reconnus, nous ne trouvons plus que 37,103,689 habitants français. Ces résultats sont d'autant plus effrayants qu'il n'y a pas lieu, dans les statistiques des autres puissances, de retrancher l'élément étranger du chiffre de la population totale ; seule de toutes les contrées de l'Europe, la France est une terre d'immigration.

Après la guerre de 1870-1871, l'Allemagne, y compris l'Alsace-Lorraine, comptait 4,957,774 âmes de plus que la France ; l'année dernière la différence s'était élevée à 8,626,023; que sera-ce à la fin du siècle?

Pour trouver ailleurs de pareils symptômes de dépérissement, il faut passer les Pyrénées; l'excédent de la natalité n'atteint pas en Espagne 2 °/₀₀ : 16,551,647 habitants en 1870, et 16,961,742 en 1884.

On se tromperait en limitant au point de vue militaire seulement les conséquences d'une aussi redoutable situation; elles ne sont pas moins graves pour les luttes de la paix que pour celles de la guerre. Dans l'assaut que toutes les nations livrent aujourd'hui à notre agriculture et à notre industrie, ce qui les aide le plus, c'est la cherté de notre main-d'œuvre. Tel de nos départements de Normandie où la crise agricole est en ce moment le plus intense a vu le nombre de ses habitants diminuer sans interruption depuis quatre-vingts ans; comment ne se rend-il pas compte de l'impossibilité de concilier le bon marché des salaires avec la rareté des bras? La même antinomie est le secret de toutes nos souffrances économiques : beaucoup de nos industries, entre autres la raffinerie et la savonnerie, disparaîtraient du jour au lendemain si elles se voyaient obligées de renoncer aux ouvriers italiens; le département du Nord, le plus peuplé après celui de la Seine, serait contraint à fermer toutes ses usines s'il lui fallait se passer des trois cent mille ouvriers belges qui y sont fixés.

Quand les produits d'un peuple en hommes et en marchandises ne débordent plus chez ses voisins; quand, loin de se suffire à lui-même, ce peuple en est réduit à emprunter à l'étranger une grande partie de ses objets de nécessité ou de luxe, la répercussion d'un pareil état de choses n'est pas longtemps à se manifester sur les recettes du fisc. Ainsi qu'il arrive chez nous depuis quelques années, les impôts prélevés sur l'activité nationale donnent des rendements de moins en moins forts, sans que le produit croissant des recettes de la douane suffise pour compenser les pertes sur les taxes intérieures. Il faut alors chercher à faire des économies, ce qui, chez nous, ne paraît pas devoir être facile; on se voit même obligé de remettre à des dates postérieures certaines dépenses immédiatement nécessaires. En ce qui concerne l'administration de la guerre, c'est une situation pleine de périls. L'état de nos finances ne permet pas d'appliquer les lois du recrutement; partout les effectifs sont incomplets : nous en arriverons, dans les corps d'armée du Sud-Ouest, à n'avoir plus que des cadres.

En serait-il ainsi si la main-d'œuvre était à bon marché, si la France produisait beaucoup, si, par suite, les caisses du Trésor étaient pleines? Non, certes, et l'on peut affirmer que dans ce cas le Ministère de la guerre ne serait pas dans la nécessité de multiplier les permissions et les congés, de libérer les hommes avant l'achèvement de leur temps de service. En deux mots, ce qui manque à l'armée française, ce ne sont pas des soldats (elle ne peut les enrôler tous), ce sont des contribuables.

Il a été donné plus d'une explication de notre dégénérescence; on a successivement invoqué la vieillesse de la race, les progrès de l'alcoolisme, le célibat religieux, les stipulations du Code civil à l'égard du partage des héritages, l'augmentation du luxe, l'extension du service militaire, etc... Aucun de ces arguments ne nous paraît irréfutable.

Nous repoussons, sans hésiter, la prétention des races allemande et italienne à être plus jeunes que la nôtre. L'Allemagne prussienne est de plus fraîche date, nous le concédons, que le saint Empire romain; mais, en réalité, elle est composée des mêmes éléments ethniques; la seule différence évidente, c'est qu'elle comprend un nombre de provinces beaucoup moins considérable. Il est vrai que l'Italie est constituée en puissance unitaire, avec Rome comme capitale, pour la première fois depuis deux mille ans, mais la race est la plus anciennement civilisée de l'Europe; c'est à elle que nous sommes redevables de la Renaissance, et peu d'Italiens consentiraient à renoncer à cette gloire. Au fond, nous ne sommes guère plus jeunes les uns que les autres.

Les ravages exercés par les progrès de l'ivrognerie dans les grandes villes et dans quelques-unes de nos provinces donnent lieu, en effet, aux plus sérieuses réflexions; toutefois, le mal est plus répandu en Allemagne qu'en France; nos provinces du Midi en sont presque exemptes. L'Espagne, qui l'ignore tout à fait, a cependant une natalité inférieure à la nôtre.

Évidemment, le célibat religieux a une certaine part au ralentissement des progrès de la population; dans les nations protestantes, les plus nombreuses familles sont, le plus souvent, celles des pasteurs : en Prusse et en Angleterre, leur fécondité est même devenue proverbiale. Néanmoins, l'Allemagne du Sud, la Belgique et l'Italie ont comme nous un clergé catholique, et cela ne les empêche pas de nous distancer d'une manière inquiétante; il faut ajouter pourtant que le clergé allemand ne fournit pas de missionnaires et que les ordres monastiques sont interdits en Italie. La France a presque le monopole des services hospitaliers dans les pays malsains; l'apostolat est une de ses gloires les plus précieuses; jamais un missionnaire français ne fera un commerce de cotonnades sous le couvert d'une distribution de bibles. Ce sont des sœurs de Charité de la rue du Bac qui dirigent les ambulances de Massaouah. Nos bons voisins n'ont su trouver de meilleur moyen, pour témoigner leur reconnaissance au mois d'avril dernier, que de télégraphier aux journaux que les sœurs françaises refusaient leurs soins aux blessés italiens. Naturellement le démenti n'est venu que plusieurs jours après, lorsque le mal était fait. On chercherait vainement une sœur de charité prussienne dans les hôpitaux de Shanghaï, de Calcutta, du Caire ou de Panama; réfractaire à tout sentiment de prosélytisme ou même seulement de dévouement charitable en faveur des contrées qui n'ont pas le bonheur d'appartenir à l'Empire allemand, la fille du Mecklembourg, de la Poméranie, de la Prusse orientale, etc..., borne ses aspirations à donner à la patrie d'innombrables enfants qui porteront un jour un casque pointu et viendront renforcer les garnisons de l'Elsass-Lothringen; une fois rendus à la vie civile, il travailleront dans les ateliers et les usines à des salaires moitié moins chers que ceux de nos ouvriers. Pas de grève possible lorsqu'il y a surabondance de bras.

Quant à la responsabilité du Code, il faut noter que nos lois civiles régissent précisément les pays d'Europe où la population est le plus dense, c'est-à-dire le Nord de l'Italie et les deux rives du Rhin sur tout son parcours, du lac de Constance à la mer du Nord.

Il en est de même pour les progrès de la richesse et du luxe; personne ne contestera que la Belgique et les Pays-Bas, eu égard à la différence d'étendue des territoires, ne soient infiniment plus riches que la France;

cependant la Belgique compte 198 habitants par kilomètre carré, et les Pays-Bas, 135. Nous venons bien loin derrière, avec 72 habitants seulement.

Enfin, en ce qui touche l'extension de l'obligation du service militaire, c'est une plaie qui n'est pas particulière à notre patrie; elle sévit aujourd'hui sur les quatre autres grandes puissances du continent.

Si nous partageons avec un ou même avec plusieurs de ces États chacune des causes de faiblesse qui viennent d'être examinées, il faut convenir que nous sommes les seuls à les posséder toutes à la fois; il faut surtout convenir que nous sommes les seuls à en posséder deux autres : l'exagération du nombre des internats dans les grandes villes et les garnisons coloniales.

Nous avons fait connaître ailleurs notre sentiment sur la responsabilité encourue par le système moderne d'éducation dans la diminution de la qualité de nos capitaines marins et par suite dans la ruine de notre flotte du commerce. Si la marine marchande avait été seule à souffrir, le mal eût été de ceux que l'on peut réparer ; mais il est malheureusement à craindre que de plus grands ravages n'aient été causés. On comprend l'extension des internats au siècle dernier et dans la première moitié de celui-ci, alors que les études classiques étaient l'apanage des seules classes supérieures. Aujourd'hui, tout le monde veut être bachelier, et les maisons d'éducation ou plutôt d'étiolement sortent de terre comme par enchantement. A cet égard, nous ne faisons aucune différence entre les lycées et les institutions libres, entre les pensionnats laïques et les maisons religieuses : tous nous paraissent également néfastes pour le développement physique de nos enfants. Ce n'était point assez de soumettre les garçons au régime des dortoirs malsains et des cours de récréation où les arbres sont remplacés par de grands murs : on a encore inventé de bâtir des lycées de filles. Que fait donc l'Académie de médecine?

Il n'entre point dans notre pensée de donner ici à cette question le développement qu'elle mérite ; nous désirons seulement étudier dans ces pages le mal qui est fait à la vitalité de notre race par l'imprévoyance avec laquelle sont recrutées les forces destinées à tenir garnison dans nos colonies.

Est-ce à dire que les colonies sont la cause du mal et qu'il faut regretter le mouvement de ces dernières années en faveur de l'agrandissement de nos possessions? Loin de nous une pareille pensée, et nous serions au désespoir d'avoir médit dans la moindre mesure d'une politique qui n'a pas de plus sincère partisan. Notre but est simplement de signaler les fautes qui ont été commises au service d'une idée juste; nous l'aurons pleinement atteint si nous parvenons à convaincre le lecteur qu'il n'est nullement nécessaire d'affaiblir la mère patrie pour défendre les colonies ou même pour les agrandir.

Comme toutes les armées d'Europe, l'armée française est recrutée dans ce que la nation produit de plus sain et de plus robuste. Aussi longtemps que les conscrits restent en France, le service n'a pas pour leur santé de plus fâcheuses conséquences qu'il n'en a pour les Allemands ou pour les Italiens; quand on les envoie sous des climats malsains ou simplement trop chauds, il faut s'attendre immédiatement à une sensible augmentation de la mortalité, et, pour l'avenir, à la ruine d'un grand nombre de constitutions; l'exemple de l'infanterie de marine le prouve surabondamment.

Cette arme comprend une vingtaine de mille hommes pris dans l'élite physique de la jeunesse; la perspective des voyages lointains et des aventures auxquels les soldats y sont exposés fait qu'elle contient aussi un grand nombre de caractères ardents et énergiques. Eh bien, on dirait qu'il y a eu un fait exprès dans le choix des garnisons qui lui sont assignées : sur le Mékong comme sur le Niger, à Madagascar comme aux Antilles ou à la Guyane, partout où règnent les fièvres les plus meurtrières, nous prodiguons sans pitié le plus clair de la richesse nationale. Certes, tous les hommes ne succombent pas; mais ceux qui reviennent, dans quel état sont-ils ! Qui d'entre nous n'a été pris de pitié à l'aspect de quelqu'un de ces pauvres soldats anémiés par le climat du Sénégal ou de la Guyane? On peut donc affirmer que, en recrutant d'une manière régulière parmi nos meilleurs conscrits un corps de 20,000 condamnés à la mort ou à la maladie, l'État contribue dans la mesure de ses moyens à ralentir l'accroissement de la population. Libre à l'Angleterre, embarrassée de l'excédent de ses pauvres, d'envoyer quelques régiments fondre au soleil de Khartoum ou de Souakim ! A nous une plus grande parcimonie d'existences humaines est commandée.

Aux colonies lointaines s'ajoute l'Algérie; pendant longtemps elle a fait de fortes brèches à notre contingent de jeunes gens robustes; mais depuis tous les travaux d'assainissement de ces dernières années et surtout depuis la cessation des opérations militaires, elle ne nous prend plus guère que des victimes volontaires, c'est-à-dire les imprudents des régions du Nord et du Centre qui ne veulent pas renoncer sur cette terre brûlante à leurs anciennes habitudes d'intempérance. Ils sont malheureusement trop nombreux encore, et l'on doit reconnaître l'égalité entre la responsabilité du 19e corps d'armée et celle des troupes de la marine dans la perte inutile du grand nombre de pères qui nous est imposée chaque année.

La moyenne des naissances féminines étant égale si ce n'est supérieure à celle des naissances masculines, il en résulte que tout soldat mourant aux colonies ou y perdant la santé laisse en France une jeune fille sans mari et la condamne par cela même à devenir une recrue fatale pour le vice ou pour le couvent. Combien de malheureuses, tombées dans l'inconduite, auraient fait d'excellentes mères de famille et auraient doté la France de nombreux enfants, si tel jeune homme était resté au pays au lieu d'avoir été détruire sa santé au Café du Commerce de Laghouat ou à celui de Biskra ! De même, combien de généreuses et saintes filles qui s'épuisent dans les hôpitaux et les lazarets du monde entier à soigner des malades ou des enfants trop prompts à l'ingratitude, auraient plus utilement servi la patrie, si la patrie elle-même n'avait pris soin de les priver de l'époux marqué dans les desseins mystérieux de la nature pour former avec elles quelques familles françaises de plus !

Avant d'étudier les nombreux moyens que nous aurions de modifier la composition déplorable des troupes d'outre-mer, il serait bon d'examiner la situation actuelle de l'Algérie, particulièrement au point de vue de la prospérité des indigènes.

II

LA NATALITÉ ALGÉRIENNE

A part l'annexion toute récente du petit bordj de Djenine-bou-Rezg, à 40 kilomètres à l'Est de Figuig, l'Algérie n'a pas vu ses frontières s'étendre depuis l'expédition d'El-Goléah, en 1873; cela nous permet de tirer des enseignements de trois recensements.

	Européens et Juifs naturalisés	Indigènes	Total
1876	390,685	2,476,941	2,867,626
1881	459,546	2,850,866	3,310,412
1886	532,703	3,284,762	3,817,465

Nous nous trouvons donc en présence d'un accroissement de 950,000 âmes en neuf ans et demi, soit la valeur d'un tiers de la population de 1876! C'est une proportion inouïe et qu'on ne pourrait retrouver dans aucune autre partie du monde. L'élément français et étranger qui est sans cesse augmenté par les recrues de l'immigration, a progressé de 142,018 âmes, soit une avance de 36 0/0 sur le chiffre de 1876. Chose digne de remarque, les Européens de toutes les régions du Midi peuplent beaucoup plus facilement dans l'Afrique française que dans leur pays d'origine; sans parler des Espagnols et des Français qui s'y accroissent dans des proportions inconnues sur le rivage septentrional de la Méditerranée, les Italiens et les Maltais, déjà si prolifiques dans leur patrie, donnent naissance chez nous à des enfants innombrables.

Depuis que la France a succédé au gouvernement oriental des deys, les Musulmans d'Algérie voient leur nombre s'élever aussi vite que celui des Européens, sans avoir comme ceux-ci l'appoint de l'immigration. Le gain de 807,821 habitants représente un écart de 32 % sur le chiffre de 1876. Pour apprécier encore plus, si la chose est possible, l'importance d'un tel progrès, il faut se rappeler la condition lamentable des Musulmans d'autres contrées. En Turquie, en Égypte, au Maroc, partout où règne le croissant, les voyageurs affirment que la population diminue et qu'elle n'approche pas de ce qu'elle était certainement au siècle dernier. Bien entendu, nous ne possédons aucune espèce de données officielles, les recensements étant un produit de la civilisation moderne complètement inconnu aux États régis par le Coran. Dans ces malheureux pays, il y a si peu de sécurité, la cupidité des fonctionnaires est telle que personne, à moins d'être protégé par un consulat, n'ose se livrer au travail, et surtout n'ose en montrer les produits; aussi la race s'en va : elle n'en a pas pour longtemps. A Constantinople, « l'homme malade » résiste encore, mais tous les trois ou quatre ans il perd une province.

Élevés dans une religion qui commande l'extermination des infidèles, nos sujets arabes ne peuvent se résigner à la domination définitive des chrétiens; néanmoins, dès qu'ils sortent du pays que nous souillons de notre présence, leur premier soin est de se proclamer Français. Il faut voir avec quel mépris ceux d'entre eux qui résident à Constantinople considèrent les sujets du sultan; mis à même de comparer les deux régimes, ils n'ont garde d'oublier la protection dont notre ambassade a le droit de les couvrir. Le sort de leurs frères en Mahomet restés soumis à l'arbitraire des pachas et des cadis provoque bien vite l'éclosion de sentiments parfaitement français. Mais ceux qui ont voyagé ne sont qu'une insignifiante minorité; en Algérie, il faudra des années et même des générations pour que les indigènes nous rendent justice.

Cette ingratitude ne peut détruire les faits, elle ne peut empêcher, par exemple, que nous ayons mis fin au fléau de l'Afrique : les guerres civiles. De plus, nous gênons de tout notre pouvoir les habitudes nomades des tribus et nous n'épargnons aucun effort pour fixer les habitants au sol, pour leur donner des intérêts semblables aux nôtres. C'est nous qui leur avons accordé la terre. Voilà pourquoi leur nombre s'accroît si rapidement. Les lignes suivantes du colonel Philebert (*Journal des Sciences militaires*, février 1874) font très bien ressortir l'humeur batailleuse dont nous avons calmé l'ardeur : « Il y a

» assurément un peu de toutes ces causes
» dans les révoltes; mais la cause réelle,
» c'est l'habitude. De tout temps ces popu-
» lations ont été en désordre; de tout temps
» chacun y a agi pour son compte, ne re-
» connaissant que la loi du plus fort; de
» tout temps chacun a pillé, maraudé, volé
» son prochain, s'il est Arabe; s'il est Kabyle,
» il a essayé de se fendre le crâne à coups
» de bâton avec son voisin. Ceux qui croient
» que les indigènes, longtemps à l'avance,
» mûrissent une révolte et se mettent tous
» d'accord pour nous combattre se trompent
» souvent. Beaucoup, quand le vent de la
» révolte souffle, s'en vont, insouciants du
» lendemain, sans aucun espoir et sans aucun
» désir de lutte, mais avec la volonté bien
» arrêtée de taper sur son prochain, qui
» souvent est son plus proche parent, et de
» lui prendre tout ce qu'il pourra. Ils en
» faisaient tout autant envers Abd-el-Kader,
» malgré la sévérité, poussée aux dernières
» limites, avec laquelle il essaya de les cor-

» riger, sévérité dont nous n'avons pas idée » et qui dépasse tout ce que notre imagina- » tion peut rêver. »

A chaque instant, les colons et les indigènes de l'ouest de la province d'Oran assistent à des combats furieux entre les tribus marocaines ; quant à l'intérieur de nos frontières, ces exercices y sont prohibés depuis quarante ans. Ainsi que le dit le colonel Noëllat (l'*Algérie en 1882*), « la paix » s'est faite entre les tribus régentées de » haut par l'autorité française; mais c'est » une paix de compression, non de senti- » ment; les tribus restent tout aussi hostiles » entre elles qu'autrefois; elles sont toujours » prêtes à se piller, à se battre, et n'était » le *quos ego* de nos armes, nous verrions » les provinces livrées aux mêmes dé- » sordres. » Il ne reste donc plus comme dernière ressource que les insurrections contre l'infidèle. Mais sur ce point comme pour toute chose ici-bas, le temps fait peu à peu son œuvre; les insurrections sont de plus en plus espacées; elles n'ont jamais revêtu, même en 1871, un caractère véritablement général; la dernière a été celle du Sud oranais, en 1881, qui est restée strictement confinée à cette région. D'ailleurs, plus nous irons, plus le développement des voies ferrées et la densité de l'immigration européenne faciliteront la répression.

Quant au service militaire qui épuise depuis quinze ans toute l'Europe continentale, y compris la Turquie, il ne prend, sur quatre millions et demi de Musulmans algériens et tunisiens, que quatre régiments de tirailleurs et quatre de spahis.

Nous avons déjà dit que l'indigène nous devait ses titres de propriété; peut-être aura-t-on peine à le croire, mais rien n'est plus exact. Le Coran réserve la propriété du sol au calife ou au prince, son vassal; à la Mecque comme à Fez, les particuliers et les tribus n'ont sur la terre qu'un droit de jouissance temporaire, toujours révocable à la fantaisie de l'autorité. Telle était la situation en Algérie en 1830, et telle elle est restée jusqu'en 1863. Cette date est celle d'une des plus grandes calamités qui aient frappé notre colonie, le célèbre sénatus-consulte par lequel nous nous sommes dépouillés de notre principale force. Ainsi qu'il était facile de le prévoir, les indigènes ne nous ont su aucun gré de la maladroite générosité de Napoléon III; il l'ont considérée comme un acte de faiblesse.

Si nous mentionnons encore une plus équitable distribution de la justice, la légèreté des impôts, en un mot, la transformation en une des plus belles régions du globe d'un pays qui, en 1830, était identique à la Tripolitaine d'aujourd'hui, nous n'aurons fait qu'indiquer *grosso modo* les principales raisons de la prospérité des Algériens. Assurément, la perfection n'est pas atteinte, mais quel chemin parcouru, et quelle différence obtenue entre l'Afrique française et le reste du monde musulman!

Puisque nous avons parlé de la légèreté

des impôts, il est nécessaire de rappeler au lecteur que l'octroi de mer est une taxe d'application récente; il ne frappe pas les objets généralement consommés par les Arabes. Quant aux droits de douane, l'Algérie ne les connaît que depuis deux ou trois ans. Enfin, en ce qui concerne les impôts directs, l'exemple suivant donnera une idée de ce qu'ils sont. Tous les journaux ont raconté les lamentations des Kabyles, lors de la visite de M. Berthelot, le ministre de l'instruction publique; des publicistes à l'âme sensible, touchés par une mise en scène tout à fait méridionale, ont cherché à nous apitoyer sur le sort de cette laborieuse population dont on venait de hausser la taxe de capitation de 18 fr. (chiffre maximum ancien) à 120 fr.

Les Kabyles sont d'excellents agriculteurs; beaucoup d'entre eux possèdent de véritables petites fortunes. Quand les plus riches sont imposés à 120 fr. (la cote la plus élevée, décimes compris), toute la nation pousse des cris désespérés, et les correspondants des journaux parisiens renchérissent sur ses protestations. Nous le demandons franchement, combien de pauvres petits propriétaires de France, écrasés par des taxes directes et indirectes de toute nature, sans compter l'impôt du sang, le plus lourd de tous, combien de Français seraient heureux de n'avoir que 120 fr. d'impositions par an? Tandis qu'en France chaque habitant contribue aux charges générales de la patrie pour une cote-part de 150 fr., en Algérie les Européens ne paient que 45 fr. 73 et les indigènes 9 fr. 35 (Rapport Étienne sur le budget de l'Algérie).

A vrai dire, nous avons jusqu'à présent cherché en Algérie la quadrature du cercle : des recettes sans impôts. Dépensant libéralement les millions, nous avons toujours été étonnés qu'il fallût en rajouter de nouveaux chaque année, et que la colonie n'arrivât jamais à se suffire à elle-même. Le jour où nous nous déciderons à lui appliquer la moitié ou même le quart des taxes dont nous sommes gratifiés de ce côté-ci de la Méditerranée, ce jour-là seulement elle fera ses frais; elle pourra même contribuer alors à alléger les charges de la métropole. Jusque-là, nous devrons nous armer de résignation et renoncer à voir le sang versé pendant cinquante ans de luttes, la santé constamment compromise de nos conscrits, les millions arrachés à deux générations de contribuables, nous devrons renoncer à voir tout cela servir à autre chose qu'à augmenter la population indigène d'un tiers en dix ans, proportion inconnue même au Canada.

Les économistes qui ne veulent pas reconnaître l'étendue des bienfaits dont nous avons comblé les Arabes, l'abîme de misère d'où nous les avons tirés, expliquent par l'extension continue du territoire civil le progrès de 400,000 habitants qu'a accusé chacun des deux derniers recensements. Nous ne faisons aucune difficulté d'accorder plus de créance aux statistiques dressées par les autorités civiles qu'à celles établies avec moins de précision en territoire militaire. Mais alors il resterait encore à expliquer pourquoi les chiffres approximatifs fournis par l'autorité militaire se sont toujours trouvés au-dessous de la réalité et jamais au-dessus; c'est ce que l'on a jusqu'à présent négligé de faire. Il est même probable que l'explication du phénomène se fera encore attendre longtemps. Un seul mot résume toutes les causes qui ont provoqué le merveilleux développement du nombre des indigènes : La France a introduit en Algérie un élément absolument inconnu dans n'importe quel pays musulman; elle y a apporté l'ordre, qui est le secret de toute prospérité. L'extension du territoire soumis au régime civil est une bien pauvre raison en regard de celle-là.

Nous nous permettons de recommander aux journalistes portés à s'attendrir sur le triste sort de nos sujets un moyen bien simple de vérifier la justesse de nos dires. Qu'ils aillent à Ghadamès ou à Figuig faire une enquête sur la situation matérielle et même morale des indigènes de l'intérieur et de l'extérieur de nos frontières ! Nous serions bien surpris si ce voyage ne changeait pas complètement leurs idées, et encore plus surpris d'apprendre que des Européens ont pu revenir sains et saufs du fond de ces heureuses régions où n'ont pas pénétré les détestables colonisateurs de l'Algérie ; mais il n'est guère à prévoir qu'aucun détracteur de la colonisation française se hasarde d'ici à longtemps à tenter une aussi périlleuse expérience. Les Arabes eux-mêmes seraient les derniers à s'y risquer; quel Chambaa osera s'aventurer chez les Touaregs? Les Tunisiens du Sud qui avaient émigré en Tripolitaine au moment de l'entrée de nos troupes sont tous revenus depuis lors ; on compte vingt mille Marocains en Algérie et à peine une centaine ou deux d'Algériens au Maroc. L'histoire nous apprend que Boabdil et ses compagnons, quand ils se réfugièrent en Afrique après la prise de Grenade, trouvèrent chez leurs coreligionnaires un accueil qui leur fit regretter le joug pourtant peu léger de Ferdinand le Catholique. La solidarité musulmane est exactement la même aujourd'hui. Si nos sujets avaient vraiment à se plaindre de nous, ils imiteraient l'exemple des chrétiens de Syrie qui fuient de plus en plus une existence intolérable et vont jusque dans l'Amérique du Sud chercher une terre plus hospitalière. Il faut croire que les Algériens ne se trouvent pas si mal sous notre domination, puisqu'ils ne sont jamais tentés de profiter de nos services maritimes qui les ramèneraient en peu d'heures dans les pays où fleurit sans entraves et dans son intégrité la loi du Prophète.

Les étrangers sont souvent plus impartiaux que certains Français dans l'appréciation de nos aptitudes colonisatrices; un voyageur russe très compétent, M. de Tchihatchef, a tracé de main de maître un parallèle tout à notre honneur entre l'Inde anglaise et l'Algérie; on affirme que le consul général d'Angleterre à

Alger, M. Playfair, a adressé cet hiver à son gouvernement un rapport tout à fait élogieux sur notre œuvre en Tunisie. Un pareil témoignage ne saurait être suspecté.

Nous n'avons parlé jusqu'ici que de la démographie algérienne, car on n'a encore procédé à aucun recensement de la Tunisie; les estimations varient entre 1,000,000 et 1,500,000 habitants. Le chiffre le plus voisin de la vérité paraît devoir être 1,100,000, dont 50,000 européens et 50,000 israélites.

III

LE CONTINGENT INDIGÈNE

Après ce qui vient d'être dit, le lecteur reconnaîtra, nous osons l'espérer, l'urgence d'une plus équitable répartition des charges militaires entre les populations des deux rivages de la Méditerranée. Il est temps de mettre fin à cette anomalie choquante d'une race qui prodigue son sang et son or au profit d'une autre qui reçoit tout, ne rend rien et trouve même que la France accomplit à peine son devoir. Plus d'un disciple de Mahomet a, en effet, répondu à des officiers ou à des colons qui faisaient ressortir l'étendue des progrès dus à la conquête française : « Vous auriez tort de vous prévaloir de tout cela. Vous n'êtes que les instruments d'Allah ; il a pris pitié de nous parce que nous étions de bons croyants. Nous voyant malheureux au delà de toute expression, il s'est servi de vous pour nous apporter la paix, la sécurité, pour nous accorder la propriété foncière, pour doter le pays de travaux publics : routes, chemins de fer, barrages, puits artésiens, enfin pour nous donner tout ce que nous étions incapables d'acquérir par nos seuls moyens. Mais, ce faisant, vous n'avez été que des instruments inconscients et dociles ; nous ne vous en devons aucune reconnaissance. Allah seul est grand ! Tant que nous obéirons aux préceptes transmis par son saint Prophète (sur qui soient le salut et la bénédiction !) il continuera à prendre soin de nous et à vous épuiser en notre faveur. Inutile, par conséquent, de nous inquiéter de rien. »

Tel est le sentiment de ceux qui réfléchissent un peu ou qui du moins s'imaginent réfléchir; mais la majorité ne se donne même pas cette peine, elle assiste impassible et dédaigneuse à ce fait pourtant si considérable : la superposition de la civilisation européenne du XIXe siècle sur celle du calife Omar et de Sidi-Okba.

Dans la pensée de bien des gens compétents, l'abus a duré trop longtemps. Le moment est venu d'apprendre aux Arabes que si Allah a créé et mis au monde le petit conscrit de Bourgogne et de Bretagne, de Flandre et de Provence pour aller faire la police chez eux ou pour aller succomber aux fièvres paludéennes de Saïgon et de Cayenne, il a aussi décidé de ne plus condamner le seul *roumi* à cette fin cruelle, mais de lui donner comme voisin de lit à l'hôpital de

Dakar ou à celui de la Guadeloupe quelque « vrai croyant, » né sur les pentes de l'Aurès ou sous la tente des Oulade-sidi-ech-Chaikh.

La chose serait d'ailleurs bien plus facile qu'on ne le croit généralement; parmi les qualités qui rachètent leurs défauts figure en première ligne le goût des armes, le courage militaire. Les 8,000 tirailleurs et les 4,000 spahis (chiffres approximatifs) sont composés pour les trois quarts d'engagés volontaires, ou plutôt de mercenaires à vingt sous par jour; la conscription ne fonctionne encore qu'en Tunisie. Il faut que nous vivions dans un siècle égalitaire comme le nôtre pour voir le service militaire peser aussi lourdement sur les habitants de la côte Nord de la Méditerranée et n'être appliqué sur la côte Sud que d'une manière aussi rémunératrice. La guerre est le plaisir favori de cette population, et tel bataillon qui serait trop heureux dans une insurrection de tourner ses armes contre nous, affronte intrépidement la mort pour la gloire du drapeau tricolore à Sontay et à Wissembourg. En appliquant à 1,000,000 de Tunisiens et à 3,300,000 Algériens la proportion habituelle des hommes sous les armes pour un chiffre donné d'habitants, soit 1 % en moyenne, on obtiendrait un effectif de 40 à 45,000 hommes, contingent beaucoup trop élevé pour l'usage que nous en saurions faire ; la moitié nous suffirait grandement.

Avec 20,000 fantassins africains, il serait si facile de rappeler dans les garnisons du 6e corps les bataillons d'infanterie de marine qui disparaissent au Sénégal, à la Guyane et aux Antilles ; si l'entretien d'un pareil renfort paraissait devoir trop peser sur le budget de la guerre, rien ne serait plus simple que de libérer en France un nombre égal de troupiers français. Le but de la réforme n'est pas d'augmenter notre armée ; il s'agit uniquement d'envoyer sous les tropiques les enfants du Sahara tout comme ceux de la Gaule.

Il est encore un autre pays où les Arabes

pourraient relever utilement l'infanterie française : le bas Mékong, c'est-à-dire la Cochinchine et le Cambodge, où nous maintenons une garnison permanente de 3,000 hommes, sans compter les régiments annamites. Notre domination y est assise depuis 25 ans, et on peut la considérer comme pleinement acceptée par les indigènes malgré la dernière insurrection du Cambodge; nos agents ont seuls été cause de cette fâcheuse surprise : la paix est revenue dès qu'ils eurent été remplacés. Par conséquent l'existence menée par la garnison à l'heure actuelle n'est aucunement la même que celle qui fatigue tant nos colonnes du Tonkin. Dans ce dernier pays on a dû renoncer à envoyer des Arabes; très braves au feu, ils ont été très faibles en présence du climat. En effet, la chaleur d'Afrique est plutôt sèche; celle du Tonkin est humide et plus dangereuse pour les Algériens que pour les Français. Il sera donc imprudent d'y envoyer de nouveau les premiers avant que la pacification soit absolument achevée et que le pays soit sillonné de voies ferrées.

La situation est tout autre, comme on le sait, en Cochinchine; les troupes y sortent peu de leurs garnisons, et, quand elles le font, il y a une telle abondance de canaux et de rivières qu'elles peuvent être transportées presque partout en bateau.

La pensée d'utiliser les services des sujets de la France dans d'autres pays que celui de leur origine n'est pas nouvelle, mais jusqu'à présent on ne l'a guère appliquée qu'à la main-d'œuvre pénale. Il y a des forçats arabes à Cayenne et à Obock; sur ce dernier point l'essai a été désastreux : de même race et de même religion que les naturels, les bandits eurent vite fait d'échapper à la surveillance des vingt soldats qui les gardaient et de s'entendre avec les Danakyls. Cet insuccès ne nous paraît pas devoir empêcher l'envoi d'une compagnie ou deux de tirailleurs algériens, car il y aurait exagération à redouter les mêmes inconvénients de la part de forçats et de soldats disciplinés.

La France possède aussi des colonies dont le climat est très sain, telles la Nouvelle-Calédonie, Tahiti, Bourbon, Diego-Suarez, etc. Mais nous considérons la présence de l'infanterie de marine sur ces points comme tout aussi préjudiciable aux intérêts généraux. S'il était remplacé par un Africain, chaque soldat en ce moment aux colonies serait probablement un père de famille de plus pour la France, en tous cas un agriculteur, un ouvrier, un producteur quelconque. La Providence nous a véritablement gâtés en nous donnant le moyen d'avoir sans dépense de sang français des possessions extérieures; aussi, nous sommes-nous bien gardés, jusqu'à présent, de profiter d'un tel avantage.

Toute une école en France prêche l'assimilation des Arabes; si on entend par ce mot que l'heure est venue de les soumettre à quelques-unes de nos charges en compensation de tout ce qu'ils nous ont coûté jusqu'à ce jour, rien ne saurait être plus opportun.

Malheureusement, il y a lieu de penser que journalistes et députés visent simplement à leur conférer des droits électoraux auxquels leur civilisation les rend parfaitement indifférents, mais à leur conserver aussi, malgré la nationalité française, des privilèges fiscaux et militaires qui tournent à l'abus, et un statut civil consacrant le droit à la possession d'un sérail d'esclaves. Ce n'est pas ainsi que nous comprenons l'assimilation. Assurément, nous ne demandons pas qu'à l'instar des jeunes Français ils soient enfermés de neuf à dix-sept ans dans des établissements scolaires dont ils sortiraient dans l'état où l'on voit toute notre jeunesse à la fin de ses classes : ce serait barbare; nous demandons seulement la fin d'une inégalité insupportable. Tout indigène ayant servi sous nos drapeaux, comme conscrit et non comme mercenaire, aurait droit à réclamer la nationalité française si l'idée lui en venait; mais les droits et les devoirs inséparables de la qualité de Français ne pourraient être imposés aux individus dont ils gêneraient les goûts.

Ce serait une erreur de ne compter que les Arabes parmi les races dont nous pourrions utiliser les aptitudes militaires; l'élément annamite offre les mêmes ressources.

Quand on compare entre eux les événements passés et présents de l'histoire de l'Afrique, on retire de cette étude la conviction que la côte orientale a été condamnée par une loi permanente et fatale à subir à tout jamais les invasions incessantes des Asiatiques. Dans l'antiquité, les Perses et les Syriens ont conquis l'Égypte à maintes reprises; dans les temps modernes, les Turcs que nous y voyons établis depuis trois siècles ont simplement obéi à l'instinct qui avait jadis entraîné leurs ancêtres hors de la Bactriane. Quant aux Arabes, ils n'avaient pas attendu la vocation de Mahomet pour traverser la mer Rouge; le mahométisme n'a été, somme toute, que l'étiquette d'une migration de peuples commencée avant la naissance du

Prophète. Aujourd'hui, les fils de l'Yémen sont parvenus, dans leur marche vers l'Ouest, jusqu'au Sénégal et au Congo.

Plus au Sud, ce sont les Indiens qui supplantent les indigènes; en ce moment même, ils débarquent en rangs serrés à Maurice, à Bourbon, à Zanzibar. Le sultan de ce petit royaume fait venir ses soldats de Perse et d'Afghanistan; lui-même est originaire de Mascate. Les Hovas qui nous créent tant d'ennuis à Madagascar sont tout bonnement des Malais. Il faut donc reconnaître l'existence d'un courant invincible, inéluctable. Quelle conclusion tirer de ce fait, sinon qu'il serait plus politique de suivre le courant, de l'augmenter même plutôt que de chercher à le ralentir? Puisque ceux qui ont conquis Madagascar avant nous étaient des Asiatiques, décidons-nous à rappeler en France nos pauvres fantassins et à les remplacer par d'autres Asiatiques plus aptes que nous à résister aux fatigues et aux maladies des pays chauds.

Tous les militaires font le plus grand éloge des tirailleurs cochinchinois; nous sommes certain que l'envoi d'un bataillon ou d'une compagnie à Diego-Suarez donnerait les meilleurs résultats; quand l'expérience aura réussi, il sera facile d'augmenter l'effectif et de rappeler complètement notre infanterie de marine.

De même à Obock; les chaleurs de la mer Rouge sont les plus accablantes auxquelles on puisse exposer des Européens; pour des Annamites, elles ne représenteraient qu'une température légèrement supérieure à celle de leur pays. Nous ne pouvons nous expliquer comment les autorités compétentes, si elles hésitent à envoyer une garnison musulmane en pays musulman, n'ont pas encore songé à faire cet essai.

Mais ce n'est pas tout, nous osons attendre de l'Indo-Chine un service plus considérable encore. C'est sur elle que nous comptons pour alléger le poids trop lourd dont l'occupation de l'Afrique du Nord pèse sur la métropole. Quelle économie d'hommes, combien la patrie compterait plus d'enfants si les régiments d'infanterie attachés au 19e corps pouvaient être relevés par des régiments de tirailleurs annamites! C'est là véritablement un rêve, et sa mise à exécution entraînerait des résultats trop beaux : il y aurait donc présomption à l'espérer. De tous les moyens de modifier l'esprit de nos sujets, il n'en est pas de plus sûr que le mélange des races. Ni la religion, ni l'école, ni la vie commune avec des hommes d'une civilisation plus haute, rien n'a prise sur des Mahométans. Comme nous ne pouvons, ni surtout ne voulons les exterminer, il ne nous reste qu'à changer le sang. Renonçons, puisqu'il le faut, à exercer pendant le XIXe siècle l'action à laquelle nous avons droit sur la culture morale des Arabes, mais arrangeons-nous pour que, dans cinquante, dans cent ans, nos fils n'aient plus affaire qu'à des métis. Déjà un grand nombre de ceux que nous considérons comme des indigènes sont, en réalité, des enfants d'Européens, nés d'unions temporaires avec des Algériennes ; combien le mélange des sangs serait plus rapide et le changement de l'état d'esprit plus radical si nous introduisions une race absolument distincte des deux qui sont actuellement en présence, une race n'ayant pas plus de rapports avec la sémite qu'avec l'aryenne ?

A notre avis, rien n'empêche présentement de tenter l'expérience. Sans attendre l'achèvement complet de la pacification du Tonkin, tâche qui prendra encore un an ou deux, on pourrait aisément faire venir de Cochinchine un bataillon d'Annamites. En utilisant le retour des navires qui transportent des renforts et des approvisionnements à Haïphong, la dépense serait minime. Nous le disons sans hésitation aucune, l'arrivée d'un bataillon serait bientôt suivie du débarquement d'un deuxième, et petit à petit nous substituerions des Asiatiques à toutes nos troupes d'infanterie, ne gardant plus en Afrique, en fait de Français, que les hommes des armes spéciales.

Ces derniers ne peuvent être remplacés en aucune partie du monde par des indigènes : nous serons toujours obligés de recruter en France l'artillerie coloniale. Ce qu'il faut exiger seulement, c'est que les conscrits en soient pris désormais dans les régions du Midi : la Corse, la Provence et la Gascogne; ainsi que nous l'avons fait ressortir dans un précédent article, les Méridionaux, à cause de leur sobriété, supportent mieux les chaleurs de l'Afrique que ne le font les Français du Centre et du Nord.

L'armée russe nous fournit un excellent exemple de l'aide qu'une race dominante peut trouver, si elle le veut, chez les peuples qu'elle a conquis; on ne s'imagine pas en France la diversité des éléments qui constituent cette armée : Finlandais et Cosaques, Allemands de la Baltique et Circassiens du Caucase, Polonais et Turcomans, Juifs et Tartares, Arméniens et Mongols, protestants, catholiques, israélites, musulmans et boudhistes, toutes ces races, toutes ces religions sont uniformément enrégimentées au service de la Russie orthodoxe et se fondent peu à peu dans un ensemble formidable. Pendant la campagne de 1877, à un moment où les armées impériales étaient arrêtées en Asie et en Europe et où on se demandait si les envahisseurs ne seraient pas obligés de reculer, c'est un Arménien, le général Loris-Mélikoff, qui le premier ramena la victoire sous les plis du drapeau moscovite. Plus récemment, c'est un musulman, le colonel Alikhanof (forme russe du nom Ali-Khan) qui a annexé Merv. Cet Empire qualifié de despotique et de rétrograde est en situation de nous donner plus d'une leçon de justice et de sage égalité.

Dans le même ordre d'idées, il faut noter une très heureuse mesure qui a été prise dernièrement à l'occasion de l'expédition du Tonkin. Devant l'affluence des engagements, la légion étrangère a été dédoublée en deux régiments. N'aurions-nous pas intérêt à encourager la disposition manifestée par les malheureux de toute origine à chercher un refuge sous nos drapeaux? Cela ne paraît pas douteux, d'autant plus que la difficulté ne serait pas grande; il n'y aurait qu'à faire connaître davantage en Europe l'existence de nos régiments étrangers, existence généralement ignorée. Les désertions sont nombreuses sur notre frontière de l'Est; des soldats allemands, venus de tous les points de l'Empire aussi bien que de l'Alsace-Lorraine, fuient les mauvais traitements et le régime impitoyable auxquels ils sont soumis. Dix marcs offerts à propos à un sous-officier besoigneux suffisent pour obtenir la permission qui donnera le temps d'effectuer un voyage en France, ainsi qu'on a pu le voir si fréquemment pendant le mois de février de cette année. Dès que les déserteurs ont franchi la frontière, ils sont recueillis par le recrutement et dirigés sur l'Algérie. Certainement, il y aurait de l'exagération à représenter la légion comme un corps d'élite; mais elle est parfaitement appropriée cependant à sa mission.

Lors de la révolte du sultan d'Atchine, les Hollandais, plutôt que d'épuiser leurs soldats dans un pays meurtrier pour des hommes nés sur les rivages de la mer du Nord, ont racolé à prix d'or dans toute l'Europe et surtout en Belgique des engagés volontaires dont la vie ou la mort présentaient pour les Pays-Bas un intérêt absolument nul. Un article spécial de la constitution hollandaise interdit formellement l'envoi d'un seul homme de l'armée nationale dans les troupes d'outre-mer. Pareillement, autant ce serait à tous les points de vue une faute de confier à des mercenaires le soin de défendre nos frontières, autant ce serait d'une sage politique de les exposer en nombre aussi considérable que possible aux fatigues débilitantes du service aux colonies.

Un certain affaiblissement des plus robustes éléments de notre race et le ralentissement subséquent des progrès de la natalité ne sont pas malheureusement les seules conséquences qui aient résulté du demi-siècle de combats qu'a exigé la conquête de l'Algérie; il en est une autre à laquelle on était loin de s'attendre en 1830, et qui a influé de la manière la plus désastreuse sur les destinées de l'Europe. La guerre de 1870 a montré à quelle pernicieuse école s'étaient formés nos généraux; combien d'entre eux se sont trouvés désorientés quand, au lieu de cavaliers à demi barbares, ils ont rencontré des troupes disciplinées, commandées par un état-major méthodique et avisé, pour qui la guerre était non seulement une science, mais plutôt la synthèse redoutable de toutes les sciences modernes appliquées à la destruction de l'ennemi! Puisse ce souvenir douloureux nous rendre plus économes de sang français et plus convaincus de la nécessité d'employer habilement nos sujets à la surveillance réciproque les uns des autres, mieux que cela, à la consolidation, à l'agrandissement de nos possessions. Dorénavant, la France doit instruire ses recrues à combattre les élèves de Potsdam et de Lichterfeld et non des marabouts.

Cette considération s'ajoute à tout ce qui a été dit un peu plus haut au sujet de l'effrayante multiplication des Allemands et des Italiens. Si le lecteur veut bien se reporter aux chiffres que nous avons extraits des publications officielles, il estimera certainement avec nous que le transport de 100 Cochinchinois, de Saïgon à Tunis, coûterait moins cher que la mort d'un seul conscrit français.

C'est tout entier sous l'empire de cette pensée que nous résumerons dans la formule suivante les règles qui nous sembleraient devoir présider à la distribution des garnisons :

Les Arabes, dans les colonies;

Les Annamites, en Afrique;

Les Français, à Nancy et à Grenoble.

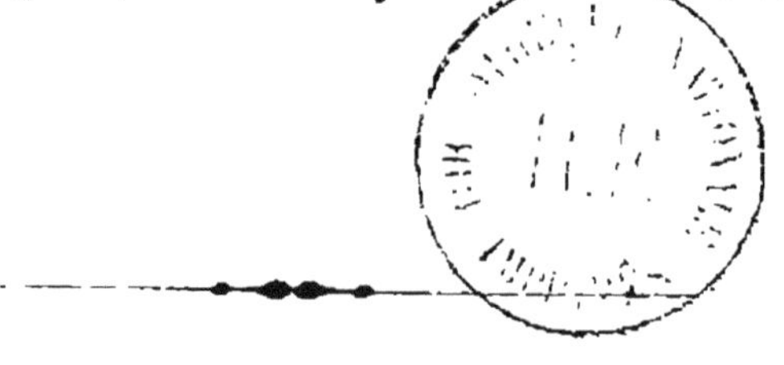

TABLE

Typ. Oberthür, Rennes—Paris (631-87).

www.ingramcontent.com/pod-product-compliance
Ingram Content Group UK Ltd.
Pitfield, Milton Keynes, MK11 3LW, UK
UKHW022107190726
13855UKWH00002B/698